Anläßlich der Verleihung des Verdienstordens der Bundesrepublik Deutschland aus Dankbarkeit für die geleistete Tätigkeit im

„Unteilbares Deutschland"
Ortskuratorium Schöningen

Rünger
Vorsitzender

DER SUDETENLAND-ANSCHLUSS 1938

Zeitgeschichte im Bild

Volk und nicht Masse, Gemeinschaft und nicht Konsumgesellschaft
So standen die 3½ Millionen Sudetendeutschen geschlossen da, als es galt den Traum des großen Reiches aller Deutschen zu verwirklichen.
Ein Traum, der ihnen Heimat und Besitz kosten sollte, weil es ein . . . deutscher Traum war.

Der Sudetenland-Anschluß 1938

Zeitgeschichte im Bild

Zusammengestellt und herausgegeben von Reinhard Pozorny

DRUFFEL-VERLAG

LEONI AM STARNBERGER SEE

Schutzumschlag: Florian Urich

Internationale Standard Buchnummer
ISBN 3 8061 0870 6

Gesamtherstellung: Druckerei Bertsch, Straubing
Printed in Germany

INHALTSVERZEICHNIS

EINLEITUNG

Wer 1938 sagt, der muß auch vom Jahre 1918 sprechen, denn das, was sich am Ende der dreißiger Jahre vollzog, war die logische Konsequenz einer Entwicklung, die 1918 mit den Schandverträgen von Versailles und St. Germain begann und mit der Zertrümmerung einer historisch gewachsenen und übernationalen europäischen Ordnung zusammenhing. Mit lügenhaften Begründungen und auf dem Wege kalter Gewalt wurde Österreich-Ungarn zerschlagen und das Deutsche Reich in einen Zustand versetzt, den kein anderes Land auf die Dauer ertragen hätte. Damit war ein System auf Haß und brutaler Gewalt aufgebaut, das sich nicht einmal scheute, nach Beendigung des Weltkrieges im Wege der Hungerblockade Hunderttausende deutsche Frauen und Kinder zu töten, in das völlig unbewaffnete Deutschland einzumarschieren, wichtige Industriegebiete zu rauben und mit Waffengewalt jene Staaten zu gründen, die das Produkt des sogenannten und feierlich verkündeten Selbstbestimmungsrechtes sein sollten.

Hier verdient in erster Linie die Gründung der Tschechoslowakischen Republik erwähnt zu werden, die über eine militärische Okkupation des Sudetenlandes, des ungarischen Sprachgebietes und des Raumes von Karpaten-Rußland auch auf nichttschechische Gebiete ausgedehnt wurde. Wenn wir die Ereignisse von 1938 in Bild und Wort behandeln, dann wissen wir genau, daß man nach bewährter Methode Einzelheiten herausreißen und unserer Aussage und Darstellung dadurch eine völlig andere Bedeutung geben kann. Das Heranziehen der Geschichte ist notwendig und eine kurze Betrachtung all dessen, was seit etwa Mitte des letzten Jahrhunderts im Donauraum vor sich gegangen ist, nachdem die deutsche Romantik mit Herder, Schlötzer und Grimm das Selbstbewußtsein der slawischen Völker wachgerufen und vor allem die Tschechen nach einem langen Prozeß freiwilliger Einschmelzung in den großen deutschen Kulturraum zu neuem nationalem Leben erweckt hatte.

Am Anfang des Wiedererwachens der slawischen Völker stehen die Deutschen mit ihrer Philosophie und ihren Lehren von der Achtung des Volkstums der kleinen Völker und der Bereitwilligkeit, ihnen in einem so weitgehenden Maße zu helfen, daß man bereits vor der Jahrhundertwende von einer „Slawomanie" der Deutschen zu reden begann. Es gehört zu den tragischen Verquickungen der damaligen Zeit und ist ein Kuriosum sondergleichen, daß sich die von Deutschen geweckten Kräfte des Slawentums – und da namentlich der Tschechen – vornehmlich und besonders nachdrücklich gegen ihre Wohltäter – die Deutschen – wandten.

Beim ersten All-Slawenkongreß, der im Juli 1848 ausgerechnet in Prag stattfand, der Stadt mit der ältesten Hochschule auf deutschem Kulturboden und von wo die neuhochdeutsche Schriftsprache ihren Ausgang nahm, kam es zu den ersten großen Ausschreitungen gegen den österreichischen Staat und dessen treueste Stützen, nämlich die Deutschen. Die Demonstrationen verliefen so blutig, daß die Abgeordneten Berger und Schilling in der Frankfurter Nationalversammlung den offiziellen Antrag stellten, gegen die „terroristische Unterdrückung der deutschen Bevölkerung Maßnahmen zu ergreifen". Dieser „höchst dringliche" Antrag hat folgenden Wortlaut:

> *„In der Erwägung des zwischen der tschechischen Partei und den Deutschen in Böhmen ausgebrochenen blutigen Kampfes, in Erwägung der großen Gefahr eines allgemeinen Blutbades und eines nationalen Vertilgungskampfes, zu welchem der slawische Fanatismus führen kann, wenn ihm nicht mit Kraft entgegengetreten wird, wolle die hohe deutsche Nationalversammlung zum Schutze der Deutschen in Böhmen den Beschluß fassen: Es sei die hohe Bundesversammlung sogleich aufzufordern, zum Schutze der deutschen Bewohner Böhmens den Einmarsch bayerischer und sächsischer Bundestruppen nach Böhmen zu verfügen."*

Das, was wir 1938, also in Vollendung, erleben, stand bereits 1848 auf der Tagesordnung, nur war damals der Umfang der Ausschreitungen, gemessen an dem, was folgen sollte, noch gering. Es gibt eine Reihe Beweisstücke, die das Machtstreben der panslawistischen Bewegung deutlich werden lassen, jener unheilvollen slawischen Entwicklung, die unter den Weißen Zaren ebenso gefährlich war wie unter den Roten. Auf Einzelheiten werden wir im Zuge unserer Bildfolge hinweisen. Wir nennen in diesem Zusammenhang den 1890 in der englischen Wochenzeitschrift „Truth" erschienenen Artikel „Des Kaisers Traum", in dem die Vernichtung Deutschlands und die Zertrümmerung Österreich-Ungarns sogar auf einer Landkarte klar und deutlich gefordert wird, und erwähnen die Schrift von Hanusch Kuffner, die 1917 erschienen ist und die man sogar als Materialgrundlage und angeblichen Wunsch der Slawen den Delegierten 1919 in Versailles und St. Germain vorlegte. Auf dieser Landkarte wird ein „Tschechien" gefordert, dessen Grenze im Norden bis Berlin und „Brankobrod" (zu deutsch Frankfurt/Oder) reichte und das im Westen auch das Dreieck Passau, Regensburg und Weiden umfaßte. Nach der veröffentlichten Meinung dieser Weltzertrümmerer ging es um nicht weniger als um die Beseitigung der wirtschaftlichen Vormachtstellung der Deutschen, die Brechung ihrer politischen Macht und die Veränderung des von ihnen seit Jahrhunderten geprägten mitteleuropäischen Kulturgefüges.

Man hat dieses Österreich deshalb zerschlagen, weil es angeblich ein „Völkerkerker" gewesen ist, der den slawischen Völkern die Möglichkeiten einer freien Entfaltung nicht gegeben hätte. Dies ist heute hundertfach als Lüge erwiesen, ebenso wie die Behauptung, daß es die Deutschen gewesen wären, die Slawen in Österreich unterdrückt hätten. Die deutsche Sprache war aus Zweckmäßigkeitsgründen, weil sie die einzige war, die von allen verstanden wurde, die Behördensprache in den obersten Regionen, und gleichzeitig die Kommandosprache, wenn wir von einigen ungarischen Regimentern absehen. Auch die Deutschen hatten oft darüber zu klagen, daß der Staat dort, wo er daraus nicht seinen Nutzen zog, sich ihren Wünschen verschloß und vieles an deutschem Volkstum zugrunde gehen mußte, weil die staatliche Fürsorge dafür fehlte.

Wir erinnern hier an das schon vor 1918 vielfach tragische Schicksal der von den Wiener Kaisern ins Land gerufenen Deutschen in den Sprachinseln des Ostens und Südostens, an die jahrelang tobenden volkspolitischen Auseinandersetzungen, an die Folgen der unheildrohenden Verordnungen in der Zeit des polnischen Ministerpräsidenten Badeni, die erst eine Abwehr der Deutschen wirkungsvoll werden ließen. Denn bis zu diesem Zeitpunkt lebten die Deutschen fast nur in ihrer Verantwortung dem Staate gegenüber, dem sie restlos dienten und dem sie in allen Bereichen des öffentlichen Lebens mit beispielloser Treue bis zum bitteren Ende 1918 mit letzter Aufopferung dienten. Sie wurden nicht zuletzt deshalb zum Angriffsobjekt der slawischen Bestrebungen, weil sie dem Kampf gegen den Staat im Wege standen und die Angriffe auf sich lenkten. Die Vaterlandstreue der Deutschen in Österreich hat sich bitter gerächt und war ein Teilstück ihres späteren politischen Dramas.

Dabei kann man nicht behaupten, daß die Sudetendeutschen nicht gewußt hätten, um was es ging. Natürlich gab es unter ihnen politische Träumer und Nachtwandler, wie überall im deutschen Volk, die als Erscheinungen des Nachbiedermeier glaubten, die anbrechenden Gefahren teils mit hirnrissigen Auffassungen von Vorgestern, teils mit dem bekannten Spiel vom Häschen in der Grube überstehen zu können. Im April 1848 konstituierte sich in Wien ein Verein mit dem umständlichen Namen „Verein der Deutschen aus Böhmen, Mähren und Schlesien zur Wahrung ihrer Nationalität", der unter der Führung des sudetendeutschen Politikers Dr. Ludwig Löhner stand, schon in kurzer Zeit 74 Ortsgruppen im ganzen Sudetenland besaß und am 9. April in Pillersdorf eine Tagung abhielt, bei der das sogenannte Pillersdorfer Programm beschlossen wurde. In diesem sind drei Punkte enthalten, die unsere Beachtung verdienen:

1. *Der Protest gegen die Absonderung und Unterdrückung der Deutschen in den erwähnten Ländern.*
2. *Das ausdrückliche Verlangen, die Länder Böhmen, Mähren und Schlesien, aber auch die übrigen deutsch-österreichischen Länder . . . Deutschland anzuschließen und*
3. *Bis zu diesem Zeitpunkt die Schaffung eines Ministeriums in Wien, das sich nur mit den Belangen der Deutschen und der Wahrnehmung ihrer Rechte befassen sollte.*

In diesem Zusammenhang sei noch darauf hingewiesen, daß Ende August 1848 in der Kurstadt Teplitz-Schönau ein Deutsch-böhmischer Kongreß stattgefunden hatte, auf dem, der damaligen Gesellschaftsordnung entsprechend, 51 Städte, 16 konstitutionelle Vereine und vier Herrschaften vertreten waren. Dieser Kongreß fand als überparteiliche Tagung größtes Aufsehen in der damaligen Öffentlichkeit. Er stand im Zeichen des großdeutschen Gedankens, forderte eindeutig und klar den Anschluß an Deutschland und befaßte sich im einzelnen mit den Möglichkeiten einer wirtschaftlichen und politischen Förderung aller Deutschtumsbestrebungen dieser Zeit. Aus dieser Zeit stammt auch die Anschlußkundgebung der Schlesier, die nach einer großen Versammlung in Troppau den maßgebenden Personen im Wiener Reichsrate übergeben wurde. Darin heißt es unter anderem: „Österreich-Schlesien ist nur ein abgetrennter Teil des größeren Mutterlandes Preußisch-Schlesien, wo Tausende und Tausende Deutsche leben. Wir protestieren feierlich gegen den Anschluß an Böhmen und Mähren. Wir sind bereit, unsere Entschließung mit aller Kraft zu verteidigen und alles für den Anschluß an Deutschland einzusetzen, denn wir sind Deutsche, leben als Deutsche und werden auch als Deutsche sterben."

Der Anschlußwille der Sudetendeutschen kommt also nicht erst im Jahre 1938 an die Oberfläche, nicht der Nationalsozialismus hat ihn begründet, sondern das gemeinsame Volkstum als Deutsche, das Zusammengehörigkeitsgefühl in sprachlicher und kultureller Hinsicht und ein geschichtliches Schicksal, das die Menschen dieses Raumes prägte, gebaren dieses Anschlußverlangen. Die in Hunderten Fällen in Europa praktizierte Auffassung von Volk zu Volk, die Lehren von der Zusammengehörigkeit der Nationen und der Schaffung von Nationalitätenstaaten entsprachen dem Wunsch der Großmächte ebenso wie dem der slawischen Völker, die aus diesem Grunde sogar bereit waren, ihr gemeinsames Vaterland Österreich im Jahre 1918 zu zerstören.

Vielfach sind im vorigen Jahrhundert die Bekenntnisse der Sudetendeutschen zu diesem Thema, auch dann, wenn sie heute da und dort verschwiegen und in Abrede gestellt werden. So etwa hat der Politiker Dr. Josef Turnwald am 19. November 1883 in Reichenberg einen Vortrag zum Thema „Die administrative Teilung Böhmens" gehalten, der später gedruckt wurde und insgesamt fünf Auflagen erlebte. In diesen Ausführungen, über die jahrelang diskutiert wurde, sind nachstehende Leitsätze enthalten:

„Dieser fortschreitenden Tschechisierung der deutschen Gerichte und der deutschen Behörden Böhmens können nur durch eine vollständige Trennung der politischen und Justizverwaltung in Böhmen nach nationalen Bezirken Schranken gesetzt werden . . . Als Grundsatz wäre aufzustellen vollständige Lösung aller Gemeinsamkeiten mit den Tschechen in staatlicher Beziehung. Es handelt sich nicht darum, nur Garantien zu erwirken, in Frage steht vielmehr die Sicherung des deutschen Territoriums, die Erhaltung des deutschen Sprachgebietes."

Als der Weltkrieg 1914 ausbrach, hatte die Führung der Tschechen bereits ein ganz konkretes Programm, um die Substanz des Volkes möglichst zu schonen und den gemeinsamen Staat mit allen Mitteln zu zerstören und die Gründung eines Tschechenstaates herbeizuführen. Die Massendesertionen von Tschechen in österreichischen Regimentern sind heute ebenso geschichtliche Tatsache wie die Blutschuld, die man damit auf jene deutschen und ungarischen Truppenteile geladen hatte, die bis zum Schluß ihrem Fahneneid treu geblieben waren.

Um die Jahrhundertwende zählte Österreich-Ungarn rund 41 Millionen Einwohner. Mit 10 568 295 Bewohnern oder 25 Prozent waren die Deutschen die stärkste Bevölkerungsgruppe. Ungarn, Tschechen und Slowaken zählten je etwa 18 Prozent und rund sieben Millionen. Rechnete man noch die Polen und die übrigen Slawen hinzu, dann ergaben dies rund 46 Prozent. Diese Völker besaßen zwar eine beachtliche Mehrheit, die aber auch unter 50 Prozent lag, ganz abgesehen davon, daß sie ohnedies fast nie gemeinsam in Erscheinung traten. Noch komplizierter wurde es, wenn man in Betracht zog, daß Österreich-Ungarn aus zwei sehr unabhängigen Reichshälften zusammengesetzt war: aus den im „Reichsrate vertretenen Königreichen und Ländern" und den „Ländern der Ungarischen Krone."

Im österreichischen Teil zählten die Deutschen 36 Prozent und waren mit Abstand die stärkste Gruppe. Die Madyaren zählten 0,03 Prozent, Tschechen und Slowaken zusammen 23 Prozent, Polen 15 Prozent, Ruthenen 13 und Slowenen fünf Prozent. Faktisch konnten die Deutschen auch in der Reichshälfte, zu der Länder wie Kärnten oder Tirol, Böhmen oder Oberösterreich gehörten, nur dann entscheiden, wenn es gelang, wenigstens einen Teil der hier vertretenen Slawen für sich zu gewinnen. Das wurde immer problematischer. In der ungarischen Reichshälfte lagen die Verhältnisse so, daß der Anteil der Madyaren 42,7 Prozent betrug, der der Kroaten und Serben 15 Prozent, der Rumänen 14,7 und der Deutschen 12 Prozent. Auch in der ungarischen Reichshälfte besaß die tragende Nation, die Madyaren, nicht die Mehrheit. Diese volkstumsmäßige Zusammensetzung verursachte seit dem Beginn der nationalen Auseinandersetzungen und der häufig von außen hereingetragenen Aufputschversuche der Slawen gegen den Staat einen unerfreulichen Dauerzustand von Reibereien, Streitereien und Gegensätzlichkeiten, die stellenweise zu offenen Revolten und blutigen Zusammenstößen führten.

In diesem Staate also wohnten bis 1918 die Sudetendeutschen. Sie nannten sich erst etwa 1910 so und wurden früher als „Deutschböhmen", „Deutschmährer" oder als „Deutsche" im allgemeinen bezeichnet. Der Politiker Franz Jesser prägte den Ausdruck „Sudetendeutsche", weil er im österreichischen Nationalrat in Wien eine Gemeinschaftsbezeichnung für die in den drei österreichischen Ländern wohnenden und schicksalsmäßig so eng verbundenen Deutschen suchte. Er verwendete damit die Bezeichnung eines Gebirgszuges, der in allen drei erwähnten Ländern lag und so zum Ausdruck einer Gemeinsamkeit werden konnte.

Der Begriff „Sudetendeutsch" ist demnach ein politischer Begriff. Die Sudetendeutschen gehören verschiedenen mittel- und oberdeutschen Stämmen an, die sich über Grenzen hinweg erstreckten. Sie waren so stets Teile der benachbarten deutschen Stämme. Es handelt sich dabei um Österreicher, Bayern, Franken, Obersachsen und Schlesier, wobei in verschiedenen Gebieten eine Verschmelzung verschiedener Stammesangehöriger zu verzeichnen war. „Geprägte Mannigfaltigkeit" nannte der bekannte sudetendeutsche Volksforscher Emil Lehmann die Deutschen, die sich in dieser vielgestaltigen Landschaft entwickelt hatten. Diese Sudetendeutschen wurden in einen Staat hineingezwungen, der insgesamt 13361200 Einwohner zählte. Davon waren nach der amtlichen und nur von tschechischen Organen durchgeführten Volkszählung von 1921 3,11 Millionen Deutsche, 6,6 Millionen Tschechen, 2,16 Millionen Slowaken, 0,75 Millionen Madyaren, 0,46 Millionen Ruthenen, 0,07 Millionen Polen, 0,18 Millionen Juden und 0,02 Millionen sonstige. Die Deutschen waren demnach neben den Tschechen die stärkste Bevölkerungsgruppe. Um dies auf dem Papier zu verhindern, ersann man die Konstruktion des „tschechoslowakischen" Volkes und zählte auf Grund eines zwischen Tschechen und Slowaken noch vor 1918 in der Emigration geschaffenen Abkommens beide Völker einfach zusammen.

Tatsache aber ist, daß es sich um zwei völlig eigene und selbständige Völker gehandelt hat und auch heute handelt.

Das Jahr 1918 brachte den Zerfall der Donaumonarchie. Offene Revolten konnten zunächst noch mühsam unterdrückt werden, und verläßliche Regimenter, wie die Tiroler Kaiserjäger, nach Beraun, mußten ins tschechische Gebiet verlegt werden, wo auch das Manifest des letzten Kaisers Österreichs höchstens ein Hohngelächter hervorrief und als Ausdruck der Schwäche betrachtet wurde. Die Oktobertage brachten die Entscheidung: obwohl noch Tausende an den Fronten fielen und ganze Armeen am Schluß in Gefangenschaft gerieten, sorgte eine schwach gewordene österreichische Exekutive kaum mehr für die Aufrechterhaltung der unbedingt notwendigen Voraussetzungen des Alltags.

Man kann nicht behaupten, daß die Sudetendeutschen unterdessen untätig geblieben seien. Die sudetendeutschen Abgeordneten des österreichischen Reichsrates hatten am 6. Oktober 1918 eine Entschließung gefaßt, in der es hieß: „Wir erkennen das Selbstbestimmungsrecht der slawischen und romanischen Nationen Österreichs an und nehmen das gleiche Recht für das deutsche Volk Österreichs in Anspruch."

Die deutschen Abgeordneten des österreichischen Reichsrates und des böhmischen Landtages, deren Wahlkreise in Böhmen lagen – also, die zu dieser Stunde demokratisch gewählten, politischen Repräsentanten aller Parteien der Länder –, veröffentlichten am 29. Oktober 1918 eine Erklärung, der sich am 30. Oktober die mährischen und schlesischen Abgeordneten anschlossen. In dieser Erklärung heißt es wörtlich:

> *„Im Namen des von ihr vertretenen Volkes und Gebietes erklärt die Landesversammlung hiermit Deutschböhmen zur eigenberechtigten Provinz des Staates Deutschösterreich, erkennt bis zur endgültigen Ordnung der Verfassung die deutschösterreichische Nationalversammlung als ihre einzige und höchste gesetzgebende Körperschaft, die von ihr eingesetzten Behörden als ihre übergeordneten Behörden an und erklärt die Beschlüsse der deutschösterreichischen Nationalversammlung und die Anordnungen der deutschösterreichischen Behörden für sich selbst wie für das vom Landtag vertretene Volk und Gebiet ohne Vorbehalt bindend. Die Provinz Deutschböhmen steht somit zu gleichen Rechten und Pflichten den übrigen Ländern Deutschösterreichs zur Seite und gelobt, deren Schicksal mit unverbrüchlicher Gemeinschaft und Treue zu teilen."*

In diesen Tagen hatten sich im sudetendeutschen Gebiet aus räumlichen Gründen zwei deutsche Provinzen Österreichs gebildet: Die Provinz Deutschböhmen mit dem Sitz in Reichenberg und die Provinz Sudetenland mit dem Sitz in Troppau; Südmähren und Südböhmen vollzogen den Anschluß unmittelbar an die benachbarten österreichischen Länder. Am 21. Oktober trat der österreichische Reichsrat unter Einschluß der Vertreter der Sudetenländer zur ersten provisorischen Nationalversammlung zusammen und erklärte seine Entschlossenheit, die künftige staatliche Ordnung selbst zu übernehmen. Er berief sich dabei auf das feierlich verkündete Selbstbestimmungsrecht und sprach den Willen aus, einen deutsch-österreichischen Staat zu schaffen, wobei die Erklärung abgegeben wurde, daß sich dieser Staat jeder „Annexion von Gebieten, die von Deutschen bewohnt sind, widersetzen werde". Für die Deutschen der Sprachinseln wurde internationaler Minderheitenschutz verlangt. In dieser staatsrechtlich einwandfreien Form stellte auch der sudetendeutsche Abgeordnete Hans Knirsch den Antrag, den sofortigen Anschluß Deutsch-Österreichs an das Deutsche Reich zu vollziehen.
Der österreichische Staatsrat, aus zwanzig Mitgliedern bestehend, wurde gebildet und eine Vertretung zu direkten Verhandlungen nach Berlin entsandt.

Am 28. Oktober wurde in Prag die tschechoslowakische Republik ausgerufen, und in der Folge begann die Besetzung der deutschen Gebiete Böhmen, Mähren und Schlesien, die sich unterdessen zu eigenständigen Provinzen Deutsch-Österreichs erklärt hatten. Allerdings getreu den ihnen von ihrer politischen Führung wiederholt gegebenen beschwörenden Aufträgen, jede bewaffnete Gegenwehr gegen die tschechische Okkupation zu unterlassen. Hier waren bereits die Bürgermeister und Bezirkshauptleute auf die Republik Deutsch-Österreich vereidigt worden, und eine Verwaltung befand sich im Aufbau, die unter kriegsbedingten Verhältnissen schon zu arbeiten begann. Trotz des Fehlens jeglicher militärischer Gegenwehr dauerte es immerhin bis Ende Dezember, bis die Tschechen mit ihren Soldaten das gesamte Sudetengebiet besetzt hatten und im Anschluß daran später auch noch das Hultschiner Ländchen „heimholten". Niemals konnte man bestreiten, daß die Tschechen in ihrem eigenen Staate in der Minderheit waren und nur dann in der Lage gewesen wären, diesen Staat zu erhalten und über alle Hindernisse hinweg zu führen, wenn sie eine vernünftige Politik des Ausgleiches betrieben und wann sie alle Maßnahmen unterlassen hätten, die sie sofort von Anbeginn ihrer Herrschaft schonungslos trafen. Dazu kommt noch die Tatsache, daß in den Händen der Sudetendeutschen und in ihrem deutschen Gebiete, also den Bezirken, wo sie oft mehr als 95 Prozent Mehrheit besaßen, der Großteil der Industriekapazität lag, die früher zu Österreich gehörte.

Im Sudetengebiet lagen nach 1918 10 % der ehemals österreichischen Seiden- und Posamentenindustrie, 93 % der Flachglas-, 91 % der Tafelglas- und der Porzellanindustrie. Die Musikinstrumentenerzeugung und Knopfindustrie war zu 90 % in sudetendeutschem Besitz. Die Spitzenherstellung wurde zu 85 % hier betrieben, und der Braunkohlenbergbau sowie die Papierindustrie, die einen Anteil von 80 % erreichte, die Hütten- und Salzwerke lagen zu 70 % hier, ganz abgesehen von der weltberühmten Schmuckwarenindustrie, die mit 88 % – vor allem in Gablonz – und der Wollindustrien, die mit 85 % in sudetendeutschem Besitz war. Das Wirtschaftsleben des neuen Tschechenstaates war ohne sudetendeutschen Anteil ein Torso, ohne diesen sudetendeutschen Beitrag war der Staat gar nicht lebensfähig, und von dieser Sicht her betrachtet erscheint die tschechische Begehrlichkeit nach dem Sudetenland verständlich. Der Grad der Industrialisierung lag in den deutschen Bezirken dieses neuen Staates mit 51 % sogar über dem Durchschnitt des damaligen Deutschen Reiches (47,7 %), Großbritanniens (46 %), der Schweiz (45 %) und Frankreichs (35 %). Damit steht fest, daß die sudeten-

deutschen Gebiete zu den höchstentwickelten und stärksten Industriegebieten Europas zählten, daß sich Böhmen, Mähren und Schlesien auf dieser Basis innerhalb der letzten hundert Jahre zu führenden Exportländern entwickeln konnten. Darin lag zwar eine große Kraft, aber auch eine Gefahr, die die Sudetendeutschen noch kennenlernen sollten.

Das geschlossene deutsche Siedlungsgebiet hatte einen Umfang von 2 485 171 Hektar, wozu noch die deutschen Sprachinseln in einem Umfang von 170 693 Hektar kamen, was beweist, daß dieser Raum halb so groß war wie das tschechische Siedlungsgebiet und – um einen Vergleich anzuführen – um die Hälfte größer als Lothringen.

Die zwanzig Jahre Tschechoslowakei waren erfüllt von einer Kette von Unrechtshandlungen an den Minderheiten, die hauptsächlich die Sudetendeutschen betrafen. Zunächst wurden sie in ihrer Wirtschaftskraft nahezu tödlich getroffen, indem man die Nichteinlösung der Kriegsanleihe, die Schließung großer Industriefirmen und ihre Verlagerung in das rein tschechische Gebiet betrieb, indem eine künstliche Arbeitslosigkeit geschaffen wurde, die im sudetendeutschen Gebiet ein Vielfaches von dem im tschechischen betrug. Von den rund 755 000 Arbeitslosen, die es 1935 im Staate gab, stammten mehr als 400 000 aus dem sudetendeutschen Gebiet, das war mehr, als Frankreich mit seinen 42 Millionen Einwohnern an Arbeitslosen aufwies. Die einst blühende Industrie war vernichtet, der Handel geschädigt, das Gespenst der Arbeitslosigkeit brachte einen Notstand mit sich, der für heutige Begriffe unvorstellbar war, denn die minimale staatliche Fürsorge konnte die Not in keiner Weise lindern.

Die sudetendeutschen Bezirke waren die mit der höchsten Kindersterblichkeit und Selbstmordziffer in ganz Europa, und das unbeschreibliche Elend wurde noch dadurch vergrößert, daß unmittelbar hinter den deutschen Grenzen das Reich eine wirtschaftliche Blüte erlebte, die sich auf jeden Bewohner übertrug. Die hermetisch geschlossenen Grenzen ließen ein Abwandern nicht zu. Alle großartigen Versuche nationaler Selbsthilfe der Sudetendeutschen, im Wege einer Winterhilfe und durch ihre Schutzverbände, konnten nur wenig von dem ersetzen, was jeder normale Staat von sich aus in einem derartigen Fall zu unternehmen hat.

Auf kulturellem Gebiet kam es zur Sperrung von mehr als 3000 deutschen Volksschulklassen und zur Auflösung zahlreicher sonstiger Schulen und Bildungsanstalten.

Auf der anderen Seite wurden tschechische Schulen gegründet, die man in deutschem Gebiet errichtete; alle jene, die in irgendeiner Weise vom Staate abhängig waren, zwang man, ihre Kinder in diese Schulen zu schicken. Auch die deutsche Erwachsenenbildung wurde benachteiligt, und vorhandene Unterlagen über diese Jahre sprechen eine deutliche Sprache.

Um ein Bild von der tatsächlichen sozialen Not zu geben, die alle Vergleichsmaßstäbe übertraf, lassen wir jetzt Zeugen sprechen, die man in unserem Zusammenhang nicht vermuten würde, die jedoch beweisen, daß es sich nicht um „Goebbels-Propaganda“ gehandelt hat, als von der sozialen Verelendung der Sudetendeutschen gesprochen wurde.

Das Hauptorgan der Deutschen Sozialdemokratischen Partei in der CSR, „Der Sozialdemokrat in Prag“, schrieb am 2. Februar 1935: „Die Unterernährung hat in den ausgesprochenen Notstandsgebieten einen Grad erreicht, der dem Zustand von 1918 gleichkommt. Es fehlt das Geld zum Einkauf von Lebensmitteln, die heruntergerissene Kleidung kann nicht mehr ersetzt werden, nicht einmal an die Erneuerung der Wäsche ist unter den furchtbaren Auswirkungen der Massenarbeitslosigkeit zu denken. Am schlimmsten ist die Not und der Jammer in den Grenzgebieten der Republik. Einstmals hochentwickelte Industriebezirke sind verarmt. Schon jahrelang stehen die Betriebe still, die Maschinen rosten ein, die Fabriksgebäude werden abgetragen, weil keine Aussicht dafür besteht, daß jemals wieder in den Betriebsstätten, in denen vor der Krise Tausende Arbeiter beschäftigt waren, gearbeitet wird.“

„Nordböhmische Volksstimme“ (Sozialdemokratisches Tagblatt), 15. Juni 1936: „Nachstehend einige Ziffern über Geburten und Todesfälle in den nordböhmischen Städten Warnsdorf, Obergrund, Schluckenau, Bensen und Böhmisch Kamnitz. Diese Orte haben zusammen eine Bevölkerungszahl von etwa 46 000 Einwohnern. 680 sind dort im Jahre 1935 geboren worden, 926 sind gestorben, also um 246 Menschen mehr gestorben als geboren. Die Entwicklung in Warnsoed ist geradezu katastrophal: Die Zahl der Geburten von 1934 bis 1935 ist von 251 auf 234 gesunken, die Zahl der Todesfälle ist von 273 auf 317, um volle 16 Prozent gestiegen.“

„Sozialdemokrat“, Prag, am 12. Februar 1937: „Der Bezirk Deutsch Gabel zählt gegenwärtig 5976 Arbeitslose. Davon sind 793 Männer und 153 Frauen in der

Ernährungsaktion. Nach dem Genter System unterstützt werden 1861 Männer und 571 Frauen. Alle anderen entbehren jeglicher staatlicher Fürsorge."

„Volkswille", Sozialdemokratisches Tagblatt, Karlsbad, am 31. Mai 1936: „Unsere Städte und Industriedörfer gleichen Friedhöfen, aus Hunderttausenden arbeitsfrohen und arbeitswilligen Menschen sind Unterstützungsempfänger geworden, und wer noch arbeitet, erwirbt sich damit kaum mehr das Notwendigste, um das nackte Leben zu bestreiten. An die Charakterstärke dieser Menschen werden Anforderungen gestellt, die schier übermenschlich genannt werden müssen."

„Sozialdemokrat", Prag am 20. Februar 1937: „Die Stadt Preßnitz zählte kurz vor dem Weltkriege 5400 Einwohner. Im Jahre 1920 waren es noch 4824 Menschen. Heute, 1937, hat Preßnitz noch 2800 Einwohner. Die Bevölkerungsziffer ist also im Laufe von 23 Jahren um rund 48 Prozent gesunken. Die Unterernährung unter der Schuljugend ist so groß, daß die meisten der Kinder, die an Scharlach oder Diphtherie erkranken, sterben."

In der tschechischen Zeitschrift „Přitomnost", Prag, schrieb die tschechische Schriftstellerin Pujman am 19. Oktober 1935: „Die Menschen im Reichenberger Gebiet sind unterernährt, von Massenneurasthenie befallen. Überall sieht man ausgehungerte, visionäre Gesichter. Die Arbeitslosen nähren sich von Brot aus dem schimmeligen vorjährigen Mehl der Staatslager, von Suppe, Kartoffeln, Zichorie, Sacharin und Margarine, und der Gesundheitszustand ist darnach. Der Arzt in Weißkirchen berichtet, daß die Menschen schon im 30. Lebensjahr krebskrank werden, daß Diphtherie- und Scharlachepidemien auch im Sommer nicht nachlassen und daß alte Leute auch an diesen Kinderkrankheiten sterben. Die Arbeitslosen gehören keiner Krankenkasse mehr an und sind ohne ärztliche Hilfe, wenn sich nicht ein Menschenfreund findet."

Der tschechische Staatsrechtler Dr. Traub berichtete in der Prager „Neuen Morgenpost" im November 1935: „Die wirtschaftliche Grundlage ganzer Bezirke ist verlorengegangen. Wir haben Orte besucht, in denen 75 Prozent der gesamten erwachsenen Bevölkerung ohne Einkommen sind. Erwerbslose zeigten uns unter Tränen das letzte zerlumpte Hemd. Andere erklärten, schon seit drei Tagen keinen Bissen Brot mehr genossen zu haben. Am erschütterndsten sind die Klagen der Gemeindevertretungen und der Jugendfürsorge über den körperlichen Zustand und gesundheitlichen Niedergang der Jugend gerade in den Gemeinden, wo einst ein vorbildliches Schulwesen und eine glänzende Jugendfürsorge der Stolz der Bevölkerung waren. Die Schulentwachsenen stehen ohne jede Unterstützungsaktion des Staates da, weil sie nicht als erwerbslos gelten."

Wir schließen diese Reihe mit den Worten des deutschen sozialdemokratischen Bürgermeisters von Reichenberg ab, die dieser zur Begrüßung an den zuständigen tschechischen Minister Nečas am 21. August 1935 bei dessen Besuch in der nordböhmischen Metropole richtete: „Die Not hat einen derartigen Höhepunkt erreicht, daß Hilfe dringend nötig ist. Ich bin kein Nationalsozialist, aber ich muß sagen, daß jeder, der die wenige Stunden entfernte Staatsgrenze überschreitet und sieht, wie dort gearbeitet wird, und dann den Hunger und die Entbehrung der Erwerbslosen hier betrachtet, wer die Not des Gewerbes und die zum Feiern gezwungene große Industrie sieht, dem kommt der Vergleich zwangsläufig, daß nicht überall auf der Welt die gleiche Friedhofsruhe herrscht wie bei uns. Die sudetendeutsche Bevölkerung ist verbittert und wendet sich von den alten Parteien ab, es ist höchste Zeit zum Eingreifen!"

Müssen schon solche Bekenntnisse auch heute noch zu denken geben und bedeuten sie eine klare Absage an alle jene, die das Ammenmärchen von der bloßen Propaganda all dieser Dinge glauben, dann soll neben diesen Aussagen parteipolitisch mit der Prager Regierung verbundener Personen auch noch eine Auslandsstimme angeführt werden, die auch nicht Produkt „böser Nazis" gewesen sein kann.

So schrieb am 7. Dezember 1935, also beinahe zwei Jahre vor München, die „Neue Zürcher Zeitung": „Welchen Eindruck erhielten wir nun auf unserer Reise durch das sudetendeutsche Gebiet? Es sei unumwunden herausgesagt: Es war bedrückend für jeden Freund des Friedens und der Demokratie, aber auch für jeden, dem die deutsche Sprache lieb ist. Es ergab sich z.B., daß selbst die Zollbeamten in Eger, dieser wichtigen Einreisestelle im deutschsprechenden Gebiet, kaum deutsch sprechen und nicht deutsch lesen konnten. Selbst an der deutschen Universität ist die Aufschrift tschechisch!
Fast alle Stellen im Staatsdienst bei der Post, Polizei, Bahn etc. werden ausschließlich mit Tschechen besetzt. Die Steuerbehörden liegen auch im deutschen Gebiet ausschließlich in Händen der Tschechen, und es ist klar, daß darin eine Quelle der Erbitterung liegt, desto mehr, als die Zwangsvollstreckung, die wiederum von Tschechen ausgeführt wurde,

oft von außerordentlicher Härte ist. Was für ein Elend unter den Erwerbslosen herrscht, ist kaum zu beschreiben. Werden die Gebiete mit stärkster Erwerbslosigkeit auf den Karten dunkel gemalt, dann erhält man fast genau das gesamte sudetendeutsche Sprachgebiet."

Während der Krise im tschechischen Gebiet durch staatliche Maßnahmen und sogar durch große Verlagerungen von Industrien aus dem sudetendeutschen Gebiete weitgehend gesteuert wurde, entwickelte sich das Sudetenland zu einem einzigen wirtschaftlichen Trümmerfeld und Hungergebiet. Was in Wahrheit dahinter steckte, kommt aus folgenden Zeitungsausschnitten unwiderlegbar zum Ausdruck:
Der tschechische Schriftsteller Karl Čapek, ein enger und persönlicher Mitarbeiter des tschechischen Staatspräsidenten Masaryk, schrieb in der angesehenen tschechischen Zeitung „Lidove Noviny", Prag, am 27. Dezember 1934: „Je klarer es wird, daß die Grenzen des tschechischen Staates endgültig sind, desto besser werden sie durch unsere Stärke garantiert. Wir müssen die Sudetendeutschen vertschechoslowakieren. Je fester wir an unserer inländischen Tradition festhalten, desto eher werden sich die Sudetendeutschen in der Richtung der Abkehr vom Mutterstamm entwickeln."

Die tschechische Zeitung „Obrana Naroda", Prag, schrieb am 15. April 1936: „Das Grenzlerproblem ist nicht nur eine soziale Frage, es bedeutet die Rückgewinnung mehr als eines Drittels unseres Vaterlandes in die Hände und den Besitz des eigenen Volkes. Das Problem ist die Besiedelung dieses Drittels mit Leuten aus unserem Volke, ist die Hinausschiebung der heutigen sogenannten Sprachengrenze bis an die tatsächlichen Landesgrenzen."

„Straž Naroda", Prag, vermeldete am 15. August 1936: „In Hohenelbe fand die exekutive Versteigerung der Goldschmiedt-Fabrik statt. Zur freudigen Überraschung hat der tschechische Turnverband ‚Sokol' die Fabrik erworben. Sobald die Maschinen abgebrochen und verkauft sein werden, wird der Umbau der Fabrik zu einer großen Turnhalle erfolgen. So entsteht auf den Trümmern der deutschen Industrie in absehbarer Zeit ein Mittelpunkt der tschechischen Grenzer, eine neue Bastion der Tschechen im Riesengebirge."

Diese Blütenlese schließen wir mit einem Artikel über die Entfaltung des Tschechentums, der in der Prager Zeitung „Česke Slowo" am 14. Februar 1937 erschienen ist: „Während der letzten 17 Jahre hat der Staat im national gemischten Gebiet 2221 tschechische Volks- und Bürgerschulen errichtet, abgesehen von einer großen Zahl an Mittelschulen. Alle diese Schulen werden vom Staat erhalten. Das ist ein großes Werk der tschechischen nationalen Expansion und Entfaltung. Nichts kann uns mehr auf diesem Wege aufhalten, der zu einer weiteren Erfüllung unserer nationalen Bedürfnisse führt und unserem Willen nach nationaler Expansion entgegenkommt. Diese Expansion erfolgt ohne jeden Lärm. Das war auch die Voraussetzung, unter welcher unser Ministerpräsident sich entschloß, in die Verhandlungen mit den deutschen Regierungsparteien einzutreten."
Dreimal erscheint in diesem Aufsatz dieses angesehenen tschechischen Regierungsblattes der Begriff „Expansion", den man den Deutschen immer zugeschoben hat, und deutlich ist die Tendenz einer Entwicklung heute noch nachzuweisen: Wirtschaftliche Not als Druckmittel zur Durchsetzung der eigenen „Bedürfnisse", wie dies ganz offen zugegeben wird, zu benützen und auf diese Art und Weise die Deutschen des Landes entweder zu vertschechen und zu entnationalisieren oder in ihrer wirtschaftlichen Verelendung zugrunde gehen zu lassen. Daß Hand in Hand damit auch die politische und kulturelle Not folgte, ist selbstverständlich.

Zu den eindeutig zum Zweck einer Vertschechung des deutschen Gebietes geschaffenen Gesetzen gehört die sogenannte Bodenreform. Zunächst hatte man ihr ein soziales Mäntelchen gegeben und wollte damit dartun, daß der in Händen befindliche Großgrundbesitz des Adels, der Kirche und Privater dem Volke nutzbar gemacht werden müsse. Von vornherein stand allerdings fest, daß von den rund vier Millionen Hektar, die der Bodenreform zum Opfer fielen, mehr als 80 % im sudetendeutschen Gebiet lagen und daß es hier zur größten Umschichtung kommen mußte, als man daranging, durch die Schaffung sogenannter Restgüter neue Siedler heranzuziehen. Es kam, wie von deutscher Seite erwartet, aber leider von deutschen Parteien unterstützt: In das Sudetenland wurden in großer Zahl tschechische Siedler geholt, die als Grundstock für die Errichtung tschechischer Schulen und der weiteren Tschechisierung verwendet wurden. Obwohl die Nachfrage nach Grund und Boden im sudetendeutschen Gebiet enorm war, weil in den waldigen und steinigen Gebieten Tausende Kleinbauern und Häusler nach Grund und Boden als Existenzgrundlage hungerten, wurde erbarmungslos frei gewor-

gewordener Wald- und Grundbesitz an Fremde zu Spottpreisen verteilt. Dies erfolgte systematisch, wenngleich sich bald herausstellte, daß der Großteil dieser „Siedler" von der Landwirtschaft keine Ahnung hatte und in wirtschaftliche Schwierigkeiten geriet. Der tschechische Bodenamtspräsident gab in einem Pressegespräch offen zu, daß 45 % dieser „Restgüter" in wirtschaftlichen Schwierigkeiten wären und nur durch den Staat am Leben erhalten werden könnten. Was allein hier an Staatsverdrossenheit gezüchtet wurde, kann sich nur der vorstellen, der solche Notjahre mitgemacht hat!

In politischer Hinsicht herrschten unbeschreibliche Zustände. Es ist nicht wahr, daß hier auch nur der ernsthafte Versuch unternommen wurde, auf dem mit Waffengewalt eroberten Gebiet eine so oft beschworene „höhere Schweiz" zu errichten! Die verfassunggebende Nationalversammlung, die unmittelbar nach der Errichtung des Staates zusammentrat, war weder gewählt, noch nahmen an ihr Vertreter der deutschen oder der ungarischen Volksgruppe teil, die man soeben vereinnahmt hatte. Ein nach eigenem Gutdünken ernanntes Gremium, dem jegliche demokratische Legitimation fehlte, beschloß das Grundgesetz des Staates, auf dem sich die gesamte Legislative und Exekutive aufbaute. Die Folgen waren entsprechend. So benötigte man zum Beispiel, um ein Mandat im Parlament zu erringen, in einem innerböhmischen (sprich tschechischen) Kreis weniger Stimmen als im sudetendeutschen Gebiet in einem Kreis, der genauso groß war und die gleiche Bevölkerungszahl aufwies. So kam es, daß bei der großen und entscheidenden Wahl 1935 die Sudetendeutsche Partei die meisten aller abgegebenen Stimmen im ganzen Staate erhielt, indessen weniger Mandate zugesprochen bekam, weil es eben deutsche Stimmen waren, die weniger Wert hatten als tschechische.
Die Benachteiligungen der Deutschen waren Legion. Ein übriges taten die permanenten Benachteiligungen der Deutschen bei der Vergabe von Aufträgen, bei Stellenausschreibungen bis hin zu den kleinen Dingen des Alltages.

Eine besondere Rolle, die nicht untergehen soll, spielten die Kommunisten während der zwanzig Jahre des Tschechenstaates. Die kommunistische Partei der Tschechoslowakei, die 1921 gegründet wurde, hat den tschechischen Staat seit dem Tag ihrer Gründung auf das schärfste bekämpft. Ihr Vorsitzender, der deutschsprachige Kommunist Karl Kreibich, wandte sich schon am 8. August 1918 in einem Appell an die Deutschen, das Recht der Selbstbestimmung, wenn notwendig mit Gewalt, zu wahren, und forderte nach dem Einmarsch der tschechischen Okkupationstruppen 1919 in das Sudetenland zum Generalstreik auf. Als Klement Gottwald 1929 Vorsitzender der Partei wurde, hielt er vor dem Kongreß der tschechischen Sektion der dritten Internationale eine Ansprache, in der er sich offen zur gewaltigen Systemveränderung bekannte. „Jawohl, wir brechen die Gesetze. Wir schämen uns dieses kapitalistischen Staates. Wir werden ihn bis zu seiner völligen Vernichtung zersetzen."

Am 6. ordentlichen Parteitag der KPC im Jahre 1931 wurde eine Entschließung zur Nationalitätenfrage in der Tschechoslowakei gefaßt, in der das Selbstbestimmungsrecht für die Slowaken, die Deutschen, die Madyaren und die Karpatoukrainer gefordert wurde. Mit der Entschließung, die die „Losreißung der Sudetengebiete und ihre Angliederung an das Deutsche Reich" forderte, versuchten die Kommunisten, sich in die beginnenden nationalpolitischen Auseinandersetzungen in Mitteleuropa einzuschalten.

Im Mai 1938 kam es zu einer sehr gefährlichen Krise, als die tschechische Regierung das Gerücht verbreitete, daß deutsche Truppenzusammenziehungen an der sächsischen Grenze stattfänden. Die geradezu hysterische Steigerung der Stimmungsmache nach dem Anschluß Österreichs führte dazu, daß es in nahezu allen Teilen des Staates zu Zwischenfällen kam und daß im Sudetenland die Situation aus nachstehenden Gründen noch wesentlich verschärft war: Die Mobilisierung, die Prag angeordnet hatte, fiel mit den Gemeindewahlen in beinahe allen größeren Orten des Sudetenlandes zusammen. Die Unruhen hatten die Verhängung des Standrechtes in den meisten Bezirken zur Folge, so daß Wahlen durchgeführt wurden, ohne daß „Menschenansammlungen" stattfinden durften. Sie wurden von dem massenhaft aufgebotenen tschechischen Militär und der immer nervöser werdenden tschechischen Staatspolizei auch rigoros unterdrückt. Übrigens ist diese Mobilisierung, die damals von Prag aus schamhaft als Teilmobilisierung bezeichnet wurde und fünf Jahrgänge von insgesamt 180000 Mann zu den Waffen rief, ohne Zustimmung des Parlamentes erfolgt, war also ebenfalls ein widerrechtlicher und undemokratischer Willkürakt Beneschs.

Internationale Beobachter begaben sich an die angegebenen sächsischen Grenzbezirke, wo keinerlei deutsche Truppenzusammenziehungen oder Kriegsvorbereitungen beobachtet werden konnten. Die tschechische Propaganda stellte diese von ihr selbst verschuldete Situation so dar, als habe Benesch mit seinem „mutigen Eintreten gegenüber den Deutschen" diese veranlaßt, ihre Angriffsabsichten aufzugeben. „Durch unser energisches

Auftreten haben wir die Deutschen bezwungen", so und ähnlich lauteten die Parolen der Massenversammlungen, die die allgemeine Krisenstimmung noch mehr verstärkten. Das Ziel war erreicht, das Sudetenland glich einem Heerlager. Jeder Tag brachte blutige Zusammenstöße und Zwischenfälle, eine Massenflucht der Sudetendeutschen ins Reich setzte ein, und die Gefängnisse füllten sich mit Sudetendeutschen, die nicht selten ohne Verfahren auf Grund irgendeiner Denunziation schweren Verfolgungen ausgesetzt waren.

Schon lange bevor das sudetendeutsche Problem ein weltdiskutiertes war, hatte der englische Gesandte Addison einen Bericht an die königliche Regierung verfaßt, der die Lage unverhüllt aufzeigte. In der Mitteilung vom 3. März 1934 heißt es unter anderem: „Dieses unnatürliche Gebilde erfordert – wenn es aufrechterhalten werden soll – eine außergewöhnliche Hilfe, und niemand kann diese äußerst schwierige Lage übersehen. Ungeschickte Grenzen, ein starker Nachbar, der seine Zerstörung will . . . Für den realistischen Beobachter bleibt die Tatsache, daß die CSR den Ausgleich mit den Minderheiten nicht zustande gebracht hat . . . Die Lage ist unerfreulich, und die tschechische regierende Schicht ist tatsächlich nicht imstande, sie aus sich heraus zu ändern."

Selbstverständlich trachtete Benesch in den Schicksalstagen des September 1938, Sowjetrußland in das diplomatische Spiel zu bringen, um den Ring der Isolierung doch noch zu durchbrechen. Da sich Moskau bisher auffallend zurückhaltend verhalten hatte, ließ er über den sowjetischen Gesandten in Prag am 19. September in Moskau nachfragen, welche Haltung die Sowjetunion im Falle eines deutschen Angriffes einnehmen würde. Die sowjetische Antwort war klassisch. Die Sowjetregierung, so hieß es, würde ihren Beistandsverpflichtungen nachkommen, wenn dies auch Frankreich tue (dabei wußte man in Moskau längst – nur Prag glaubte nicht daran –, daß die französische Politik einen völligen Kurswechsel im Sinne eines Ausgleichs mit Deutschland erfahren hatte).

Weiter wurde schon zu diesem Zeitpunkt von Moskau die Einschränkung gemacht, daß die Tschechen sich im Falle eines deutschen Angriffes an den . . . Völkerbund wenden sollten, wo dann die Sowjetunion bereit sei, einen Mehrheitsbeschluß herbeizuführen, der Deutschland zum Angreifer stempeln würde.

Wenn man weiß, in welchem erbärmlichen Zustand dieser Völkerbund war, dann kann man über solche Ausflüchte nur lächeln. Man muß aber auch wissen, daß die am 21. September von Litwinow in Genf vor dem Völkerbund gehaltene Rede, in der er aufrief, zur Rettung der Tschechei alles zu tun, nur ein Scheingefecht war, denn ihm war damals bereits bekannt, daß die Prager Regierung insgeheim die Bedingungen des französisch-englischen Ultimatums schon angenommen hatte. In mehreren Unterredungen hat der gleiche Litwinow jede militärische Hilfe für seine tschechischen Freunde deshalb für unmöglich erklärt, weil die armen Russen außerstande wären, . . . polnisches und rumänisches Gebiet bei einem Einmarsch zu überschreiten und deren Neutralität zu verletzen.

Als am 23. August 1939 in Moskau die Unterzeichnung des deutsch-sowjetischen Vertrages erfolgte, wurde russischerseits der territoriale Besitzstand des Deutschen Reiches einschließlich Österreichs und des Sudetenlandes anerkannt. Bezeichnend sind weiter noch zwei Einzelheiten, die man heute gerne vergißt: Die Sowjetunion war einer der ersten Staaten, die mit dem neu gegründeten Staat der Slowakei, der sich soeben vom tschechischen Reststaat gelöst hatte, die diplomatischen Beziehungen aufnahm. Unmittelbar nach dem 15. März 1939, also nach der Errichtung des Protektorates, beschlagnahmte die Sowjetpolizei die tschechoslowakische Gesandtschaft in Moskau und stellte sie dem Deutschen Reich zur Verfügung. Der deutsche Reichskanzler ordnete an, daß das Gesandtschaftsgebäude der Slowakei für deren diplomatische Vertretung zur Verfügung gestellt werde. Die sowjetische Haltung zum Münchner Abkommen erfuhr bis zum Kriegseintritt 1941 keine Änderung, und auch während des Krieges wurde von keiner offiziellen sowjetischen Seite eine Nichtigkeitserklärung dieses Abkommens verlangt.

Die internationale – vor allem englische – Presse hatte bereits seit längerer Zeit die Ereignisse in Mitteleuropa mißtrauisch beobachtet, um nach und nach – bestimmt nicht nur unter deutschem Einfluß – gegen die Zustände in der Tschechei Stellung zu nehmen. Am 22. März 1938 schrieb der „Manchester Guardian“: „Die Mehrheit der Deutschen fordert Autonomie.“ Am gleichen Tage berichtete der „Daily Telegraph“: „Die Beschwerden der Deutschen in der Tschechoslowakei sind keine imaginäre Sache, es gibt dort eine Minderheit von mehr als dreieinhalb Millionen Sudetendeutschen.“ Bedeutungsvoll auch wegen des gleichen Tages findet man im „Daily Herald“ die recht eindeutigen

Feststellungen: „Die deutsche Volksgruppe hat unzweifelhaft einen wirklichen Grund zur Klage. Unzufriedenheit und Abneigung bestehen unter der ganzen deutschen Bevölkerung. Das ist eine harte und eindeutige Tatsache. Selbst, wenn es keinen Adolf Hitler oder kein Deutsches Reich gäbe, wäre das für die tschechoslowakische Republik von Bedeutung." Zu diesem Zeitpunkt setzt ein förmliches Trommelfeuer in der Presse der Engländer, Franzosen und Amerikaner, jedoch auch der sogenannten neutralen Staaten ein. Sehr bezeichnend ist das, was der „Observer" am 28. März 1938 schreibt: „Es gibt keinen zweiten solchen Staat auf der Welt. Im Jahre 1919 wurde Gleichheit nach Schweizer Grundsätzen versprochen. Dieses Versprechen ist niemals erfüllt worden. Es muß erfüllt werden, und zwar vollständig. Sonst wird keine Streitmacht der Welt unter den bestehenden Umständen den so zusammengesetzten Staat aufrechterhalten können."

Am 19. April 1938 schrieb die französische Zeitung „L'Action Française": „Alles, was man wird sagen können, ist, daß die Tschechen wahrscheinlich besser daran getan hätten, wenn sie ein wenig früher Entgegenkommen bewiesen hätten. In dem Stadium, zu dem aber jetzt die Dinge gediehen sind, ist es offenbar, daß halbe Maßnahmen jetzt nicht mehr ausreichen." Im Mai 1938 schrieb die damals sehr bekannte amerikanische Zeitschrift „The American Mercury", New York: „Selbst der Name Tschechoslowakische Republik ist eine Lüge, weil man unter der Bezeichnung Republik eine frei gewählte Regierung und das Fehlen von Klassenunterschieden versteht. Es existiert aber dort auch gar keine Volksgruppe mit dem Namen Tschechoslowaken. Die Begründer der Tschechoslowakei mißbrauchten das Versprechen, das sie 1919 den Verbündeten gaben. Die Tschechoslowakei hat gar keine Existenzberechtigung und wurde lediglich von einigen tschechischen Politikern geschaffen, die von persönlichem Strebertum und Haß gegen Österreich erfüllt waren."

Die Stockholmer „Dagens Nyheter" vermerkte am 4. April 1938: „Eine Lösung nach Schweizer Muster wäre das einzig Mögliche in diesem Völkergemisch Europas." Auch die Dänen geizten nicht mit Ratschlägen, als sie am 13. März die Zeitung „Sozialdemokraten" in Kopenhagen schreiben ließen: „Die tschechoslowakische Unabhängigkeit stützte sich auf zwei Tatsachen: das unabhängige Österreich und das französische Bündnissystem. Eine dieser beiden Stützen ist jetzt zusammengebrochen. Es ist nur die Frage, als wie stark sich die andere Stütze erweisen wird."

Im sudetendeutschen Parteilager hatte sich die Situation von Grund auf geändert. Bis zum Jahre 1933 war die sozialdemokratische Partei die stärkste. Sie besaß 1920 31 Mandate im Abgeordnetenhaus, der agrarische Bund der Landwirte 11, die Christlich-Soziale Volkspartei 10, die liberale Partei 3. Ihnen standen die Deutsche Nationalsozialistische Arbeiterpartei mit 5 und die deutsche Nationalpartei mit 12 Mandaten gegenüber. Die Verhältnisse in der zweiten Kammer entsprachen diesem Schlüssel. Bereits 1925 war die Zahl der sozialdemokratischen Mandate auf nur noch 17 abgesunken.

Emil Franzel schreibt in seiner „Sudetendeutschen Geschichte": „Als die deutsche Sozialdemokratie freiwillig auf die große geschichtliche Möglichkeit verzichtete, Führerin im Kampfe der Sudetendeutschen um ihr Daseinsrecht zu werden oder – da sie es ja 1919 gewesen – es zu bleiben, schlug die Stunde für die damals noch kleine nationalsozialistische Partei. Da die Sudetendeutschen ihr nacktes Dasein nur retten konnten, wenn die Massen des Volkes die Übereinstimmung nationaler und sozialer Interessen verstanden, konnte eigentlich nur eine zugleich soziale oder sozialistische und nationale Partei die geschichtliche Aufgabe erfüllen, die der Volksgruppe gestellt war." (Seite 352)

Die Deutsche Nationalpartei war eine stark bürgerlich ausgerichtete, die über Teilstrecken mit der erwähnten Nationalsozialistischen zusammenarbeitete, in ihrer Bedeutung aber zurückging. Die Christlich-Sozialen verfügten über eine große Stammwählerschaft, die sich auf alle deutschen Kreise erstreckte. Der Bund der Landwirte verstand es weitgehend, seine Standespolitik in die Gesamtprobleme einzubauen, hatte indessen viel zu lange in der tschechischen Regierung aktiv mitgearbeitet, als daß er sich seinen bäuerlichen deutschen Nachwuchs hätte sichern können. Die liberale Partei (Deutsch-Demokratische Freiheitspartei) besaß viel mehr Einfluß als ihren Mitgliederzahlen und Wahlergebnissen entsprach; sie vertrat in erster Linie Wirtschaftsinteressen und hatte in der sudetendeutschen Industrie große Förderer. Die deutschen Sozialdemokraten – von Emil Franzel schon hinreichend klassifiziert – verbrauchten sich bereits frühzeitig im sogenannten Aktivismus, der auch anderen deutschen Parteien viel Ansehen kostete, weil sie von Benesch als Aushängeschild für seine fragwürdige Politik mißbraucht wurden, ohne für das Deutschtum nennenswerten Nutzen erzielen zu können.

1926 traten nämlich zwei der deutschen Parteien in die tschechische Regierung ein und bekleideten von da an Ministerposten. Der dadurch erreichte Einfluß im Sinne des eigenen Volkes war gering, er diente vornehmlich der Beneschpolitik, die durch den Eintritt deutscher Parteien in ihre Regierung – vor allem – dem Auslande weismachen konnte, daß das innerpolitische Problem gelöst, daß ein befriedigender Ausgleich mit den Sudetendeutschen erzielt wäre und daß alle Klagen und Beschwerden nur böse Propaganda wären. Die Sozialdemokraten blieben bis zum Ende der Beneschrepublik in der Regierung, als ob auf der Welt nichts passiert sei, während andere Parteien noch im Frühjahr 1938 ihren Eintritt in die Sudetendeutsche Partei Konrad Henleins vollzogen hatten. Dieser freiwillige Entschluß ließ die Sozialdemokraten völlig vereinsamen.

Innenpolitische Vorgänge, insonderheit Ergebnisse einer zunehmend hektischer werdenden tschechischen Justiz, hatten bewirkt, daß die Auflösung der beiden nationalen deutschen Parteien immer greifbarer wurde. Tatsächlich lösten die tschechischen Justizbehörden nach mehreren Schauprozessen die Nationalsozialistische Partei Rudolf Jungs, Franz Jessers und Hans Knirschs auf, was in der Amtssprache zwar hieß, sie „stellten die Tätigkeit der Deutschen Nationalpartei ein", aber auf das gleiche herauskam.
Man schrieb September 1933.

Am 1. Oktober 1933 erließ der bisherige Turnlehrer Konrad Henlein aus dem Gasthaus „Ewiges Licht" in Eger seinen Aufruf zur Sammlung der nunmehr total zersplitterten Sudetendeutschen, die nach der Auflösung der erwähnten Parteien und infolge der dadurch entstandenen Maßnahmen weitgehend führerlos waren. In den kurz vorher durchgeführten Gemeinderatswahlen war allerdings schon offenbar geworden, daß die bisher kleine Nationalsozialistische Partei ihre Stärke allerorts vervielfachen konnte.
In diese allgemein sichtbare Bewegung stieß die behördliche Auflösung hinein. Konrad Henlein jedoch, der jetzt zur Schaffung einer Einigungsbewegung über alle bisherigen Gegensätze hinweg aufrief, war weder in der Frage der damals bereits üblichen „Vergangenheitsbewältigung" zu fassen, noch zählten die Menschen seiner unmittelbaren Umgebung zu jenen, die von den engen Maschen des sogenannten Parteiauflösungsgesetzes erfaßt werden konnten.

Es handelte sich dabei um Angehörige der Jugendbewegung, die im allgemeinen bisher nur in überparteilichen und unpolitischen Verbänden tätig waren. Henlein selbst war ein untadeliger Mann, der offen zugab, erst in die politische Arena hineinwachsen zu müssen, wodurch ihn die Runde der Berufspolitiker im Anfang nicht ernst nahm. Das war ihr Fehler, denn es setzte ein unvorstellbarer Zulauf zu dieser neuen Partei ein, die sich zunächst „Sudetendeutsche Heimatfront" nannte, deren Namen die tschechische Justiz indes verbot, weil „Front" etwas Militärisches wäre und zu Mißdeutungen führen könnte. Kurz vor den diesem Verbot folgenden Wahlen mußte der Name in „Sudetendeutsche Partei" umbenannt werden. Die Parlamentswahl 1935 brachte der neuen Partei Henleins einen unerhörten Erfolg. Sie bekam 1249530 Stimmen. Die nächststärkste Partei war die der tschechischen Agrarier, sie erhielt 1176493 Stimmen. Schon allein durch dieses Wahlergebnis war die Mär vom „tschechischen Staat" entlarvt. Denn die Deutschen, eine gern geleugnete Minderheit, hatten die stärkste Partei im ganzen Staate, waren demokratisch sogar zur Stellung des Ministerpräsidenten legitimiert, was natürlich mit Hohnlachen abgelehnt wurde.

Von diesem Zeitpunkt an stand die Tschechoslowakei in verstärktem Zwielicht, denn durch diese Wahlen, die einem Alarmzeichen glichen, war die europäische Öffentlichkeit auf die Zustände inmitten des Kontinentes nun erst recht aufmerksam geworden. Noch im gleichen Jahre setzten Verhaftungen der führenden Mitarbeiter Henleins ein. Die Partei selbst konnte sich nach und nach aber in allen Gremien, wo dies notwendig erschien, zusehends durchsetzen und verfolgte in der ersten Zeit einen Weg, der völlig vom Reich unabhängig verlief. Bei der ersten Kundgebung der Partei in Böhmisch Leipa, die in Anwesenheit von mehr als 25000 Menschen stattfand, verkündete Henlein das Programm der Partei, das klug durchdacht und geradezu staatsmännisch konzipiert war und den Ausgangspunkt für eine friedliche Zusammenarbeit der Völker innerhalb des Staates hätte bedeuten können, denn diese Rede war ein ausdrückliches Bekenntnis zum demokratischen Staatswesen. Die Tschechen dagegen ließen diese Gelegenheit vorübergehen, sie setzten mit einer ganzen Reihe Schikanen und Verfolgungen ein, die eine friedliche Politik der Zusammenarbeit immer mehr in Frage stellten und bewußt auf eine Katastrophe hinzielten. Das Hetzen der tschechischen Presse kannte in diesen Monaten keine Grenzen, die Verfolgungsmaßnahmen begannen sich auch gegen völlig unbeteiligte Kreise zu richten, und die Bewegung Konrad Henleins wurde trotzdem wachsend zur Sammelbewegung der Sudetendeutschen.

Der schon erwägte Wahlsieg der Sudetendeutschen Partei 1935 raubte auch vernünftig denkenden Tschechen jeden Anschein von Vernunft. Benesch, der neben seinem Staatspräsidentenamt seit 1935 faktisch auch das Amt des Außenministers bekleidete, schaltete einen Kurs ein, der hinter seiner penetranten Verzögerungstaktik eine gewaltsame Entscheidung mit Deutschland verbarg, die eine Vernichtung der Sudetendeutschen miteinbezog: die wirtschaftliche und soziale Verelendung der Massen, die langsam unerträglich werdenden innenpolitischen Verhältnisse, dauernde Polizeiaktionen, Auflösungen und Verhaftungen.

Umgekehrt versuchte die Henleinbewegung durch eine sehr gute und sachliche Auslandsarbeit, vor allem in England, ihren Standpunkt immer eindringlicher in das europäische Bewußtsein zu bringen. Vortragsreisen in alle großen Städte Europas, Schriften und wissenschaftliche Abhandlungen führten zur Aufklärung der maßgebenden Kreise, und immer mehr internationale Journalisten reisten ein, um Zeugen der Vorgänge zu suchen beziehungsweise zu werden. Seit 1937 bemühte sich die Regierung, mit den Restvertretern der deutschen Zwergparteien Verhandlungen einzuleiten, die aber auch nach endlosem Hin und Her im Sande verliefen, weil man tschechischerseits ernsthaft an Zugeständnisse irgendwelcher Art an die Deutschen gar nicht dachte.

Seit 1937 hatten sich die Fronten in Europa geändert. Adolf Hitler hatte im Herbst erstmalig angefangen, militärische Pläne zur Änderung der Grenzen zu entwerfen. Die Kleine Entente, die seit Versailles sozusagen der Wachtposten für Frankreich in Mitteleuropa sein sollte, löste sich auf, dadurch wurde die tschechische Isolierung zum ersten Mal sichtbar, man begann in Prag in zunehmendem Maße auf die russische Hilfe zu bauen. Bis zu Beginn 1938 waren auch die Kontakte der Sudetendeutschen mit Berlin sehr dürftig, und Adolf Hitler hatte noch einige Zeit vorher dem sudetendeutschen Abgeordneten Dr. Hans Knirsch (Nationalsozialistische Partei) erklärt, „die Sudetendeutschen müßten sich selbst kümmern, er habe für die nächsten zehn Jahre andere Pläne und keine Zeit für die Tschechoslowakei". Doch jetzt lösten die Ereignisse einander in rascher Reihenfolge ab und überstürzen sich. Als Adolf Hitler im März 1938 in Linz den Anschluß Österreichs an das Reich verkündete, die Großmächte passiv blieben und Italien sich demonstrativ auf die deutsche Seite stellte, brach für die tschechische Politik eine Welt zusammen. Sie konnte und durfte dies aber nicht zugeben, denn allzusehr war schon die Straße mobilisiert, hatte man in Zuversicht gemacht und das Deutsche Reich als eine Propagandafiktion hingestellt, die beim ersten Gegenschlag zusammenbrechen würde. Der deutsche Aktivismus brach zusammen, die Sozialdemokraten allein blieben Benesch treu, obwohl auch in ihren Reihen einzelne Personen versuchten, einen neuen Weg einzuschlagen.

Bereits in diesen Tagen beherrschte die Polizei die Straße, waren die großen sudetendeutschen Orte von Militär besetzt, konnte von einer friedlichen Lösung der Probleme keine Rede mehr sein. Henlein verkündete im April 1938 die „Acht Karlsbader Punkte", die den Tschechen noch einmal die Möglichkeit zu einem Ausgleich geboten hätten. Auch diesmal wurde die Zeit von ihnen nutzlos vertan. Im Gegenteil, sie provozierten die sogenannte Maikrise, indem sie angebliche deutsche Truppenzusammenziehungen an der Grenze zum Anlaß einer Teilmobilisierung nahmen, mit der sie nach und nach das ganze Sudetengebiet militärisch besetzten und unter Militärverwaltung stellen konnten.

Noch im Mai 1938 hielt sich Berlin auffallend zurück, und als Henlein auf seiner Reise nach London dort Aufenthalt nahm, wurde ihm von Hitler ähnliches gesagt wie in der Note an die Wehrmacht, in der von ihm noch am 20. Mai erklärt wurde: „Es liegt nicht in meiner Absicht, die Tschechoslowakei ohne Herausforderung schon in nächster Zeit durch eine militärische Aktion zu zerschlagen."

Als Henlein von seinem Besuch aus London zurückkehrte, glich das Sudetenland einem tschechischen Heerlager und war von Schützengräben und Drahtverhauen durchzogen. Inmitten der bereits einsetzenden Auflösung und militärischen Machtprobe zugleich fanden am 22. Mai Gemeinderatswahlen im Sudetenland statt, das militärisch okkupiert und unter Ausnahmerecht gestellt war. An diesem Tage, unter dem Eindruck aufgefahrener Panzer und den Bajonetten der tschechischen Armee, gingen die „deutschen Regierungsparteien" fast unter, und die Sudetendeutsche Partei errang mehr als 90 Prozent aller abgegebenen Stimmen. Unter solchen Umständen ist nie und nirgends auf der Welt ein derartiges Ergebnis erzielt worden!

Nun hätte sich die Lage beruhigen können, dies geschah indessen nicht. Die blutigen Ausschreitungen und Verfolgungen, die Einrichtung von Konzentrationslagern, die Massenverhaftungen und die Fluchtbewegungen Zehntausender Sudetendeutscher in das

Reich hielten an. Die Entwicklung trieb einem Chaos entgegen. In dieser Phase tat die englische Regierung einen entscheidenden Schritt. Sie beschloß, einen „neutralen Beobachter" zu entsenden, denn längst hatte das Ausland erkannt, daß dieser Zustand widernatürlich war, denn die Prager Regierung trat unablässig nur als Sachwalter der tschechischen Nation gegen die Deutschen auf. Wie hintergründig England Politik betrieb, verrät die Tatsache, daß es auf Benesch Druck ausübte und verlangte, er solle selbst um Entsendung eines Beobachters bitten. Benesch hätte längst erkennen müssen, daß der Rubikon überschritten war, denn nichts konnte den Wandel der Lage besser kennzeichnen als die „Bitte Beneschs um Entsendung eines Beobachters", der in Wahrheit nichts anderes war als ein Treuhänder und Schiedsrichter.

In diesem Moment mußte der tschechische Staatspräsident erkennen, daß seine Position verspielt war: Als Lord Runciman (Viscount Walter Runciman) mit seiner großen Delegation in Prag eintraf, mit seinen Untersuchungen begann, alle beteiligten Gruppen anhörte, wochenlang im ganzen Lande herumreiste und beobachtete, verglich und aufzeichnete, war es klar, daß es nur e i n e n Angeklagten geben könne. Runciman kam zu dem Schluß, daß nur die Lostrennung der Sudetengebiete den Staat erhalten, die Ruhe wieder herstellen und den europäischen Frieden retten könne. So entstand ein Memorandum, das eine vernichtende Anklage eines Unbeteiligten und Neutralen inmitten eines Streites bedeutete, der nicht mehr ohne Folgen aus der Welt geschafft werden konnte. Das Memorandum begann mit den Worten: „Es ist bitter, von einem fremden Volke beherrscht zu werden" und enthielt nachstehenden Kernsatz: „Für mich ist selbstverständlich, daß die zwischen Deutschland und der Tschechoslowakei liegenden Grenzbezirke, in denen die Sudetendeutschen die klare Mehrheit besitzen, sofort das uneingeschränkte Selbstbestimmungsrecht erhalten sollten. Sollte die gegenwärtige Unsicherheit andauern, so erheben sich wirklich Gefahren, selbst die eines Bürgerkrieges. Jede Art von Volksabstimmung halte ich hinsichtlich dieser überwiegend deutschen Gebiete für eine Formsache."

Nun versuchten Benesch und sein neuer Ministerpräsident erneute Verhandlungen mit der deutschen Splittergruppe ihrer Regierung und nahmen sogar zum Schein mit der Sudetendeutschen Partei Verhandlungen auf. Diese wurden aber abgebrochen, als es ausgerechnet zu jenem Zeitpunkt (Anfang September) zu schweren Zusammenstößen kam, bei denen sudetendeutsche Abgeordnete von Polizeiorganen mißhandelt wurden.

Am 10. September forderte Adolf Hitler beim Nürnberger Parteitag das Selbstbestimmungsrecht für die Sudetendeutschen, das ihnen seit zwanzig Jahren vorenthalten worden war. Die Antwort Beneschs war die Verhängung des Standrechtes in dreizehn Bezirken. Stündlich konnte die Revolution mit blutigsten Zusammenstößen ausbrechen. Diesen zu entgehen, flohen täglich Tausende Sudetendeutsche über die Grenze, und auch die meisten ihrer politischen Führer befanden sich schon im Reich. Die Sudetendeutsche Partei wurde aufgelöst, die berüchtigten tschechischen Konzentrationslager wurden eingerichtet, und selbst deutsche Abgeordnete und Mandatare der deutschen Splitterparteien interniert und verhaftet. Über 80 Sudetendeutsche fielen bis Ende September diesen Haßorgien zum Opfer.

Unter dem Eindruck dieser Vorkommnisse, die in der europäischen Presse in größter Aufmachung verzeichnet wurden, entschloß sich der britische Premier Neville Chamberlain, nach Deutschland zu reisen und mit Hitler zu verhandeln. Dieses Treffen fand am 15. September auf dem Obersalzberg statt. Der britische Premier versprach dem deutschen Reichskanzler, sich für die Abtrennung der Sudetengebiete einsetzen zu wollen. Das war der Anfang! Die „Times" hatte am 7. September offen die Loslösung des Sudetenlandes gefordert, und andere Zeitungen folgten in kurzen Zeitabständen. Noch immer jedoch erklärte die tschechische Presse wie ihre Politiker, daß „jede Volksabstimmung den Krieg bedeute". Chamberlain setzte im englischen Kabinett seine Meinung durch, auch die französische Regierung schloß sich dieser Auffassung an, und am 19. September nahm das französische Kabinett diese sogar einstimmig an. St. Germain war damit begraben und der Traum vom Tschechenstaat ebenfalls!

In dieser Phase standen die Tschechen allein da, und auch die Sowjets sagten nichts, nur schöne Worte, so daß die Tschechen am 21. September das Ultimatum ihrer Bundesgenossen annahmen. In dieser Zeitspanne war Deutschland bisher überhaupt nicht in Erscheinung getreten, und alle jene, die von der Gewalt, die angeblich von Berlin ausging, reden, können diese Tatsache nicht bestreiten. Am Tag nach der Annahme der englisch-französischen Forderungen brach in Prag und mehreren tschechischen Orten eine putschartige Revolution aus, an der Benesch nicht unbeteiligt war und die sehr stark kommunistischen Charakter hatte. Ein neues Kabinett beschloß, „keinen Meter breit" des Staatsgebietes preiszugeben, die Deutschenverfolgungen erreichten hier teilweise mit nicht für möglich zu haltenden Ausschreitungen ihren Höhepunkt.

Am 23. September traf Chamberlain erneut in Deutschland ein, und zwar in Godesberg, wo er die Modalitäten der Abtrennung besprechen wollte. Hitler wies mit Recht darauf hin, daß es jetzt nicht mehr um die Sudetendeutschen allein ginge, sondern um die Slowaken, Ungarn und Polen ebenfalls, und daß er gewillt sei, binnen kurzer Zeit mit allen ihm zur Verfügung stehenden Mitteln den Beschluß vom 15. September durchzuführen. Chamberlain tat überrascht und erklärte sich bereit, diesen Standpunkt der Prager Regierung mitzuteilen und den Tschechen die Situation klarzumachen. Dies erfolgte am 23. September, worauf die Prager Regierung die allgemeine Mobilmachung anordnete und in Riesendemonstrationen ihre kriegerische Entschlossenheit kundtat. Am 25. September lehnten die Tschechen dann tatsächlich die Godesberger Forderungen ab, und nun bezog auch auf deutscher Seite die Wehrmacht ihre Bereitstellungen. Als Chamberlain am 29. September im Unterhaus eine Rede hielt, in der er die englische Position festlegen wollte, wurde ihm die Nachricht übermittelt, daß der italienische Premier als letzte Möglichkeit eine Viermächtekonferenz vorschlug und diese für den 29. in München anberaumt worden sei. Man muß wissen, daß unterdessen auch England und Frankreich die ersten Schritte zu einer Mobilmachung getroffen hatten und der Friede Europas jetzt nur noch an einem Haar hing.

Chamberlain, Daladier, Mussolini und Hitler trafen am Nachmittag des 29. September im Münchner Führerbau zusammen, wo Mussolini einen Vermittlungsvorschlag unterbreitete. Ausgangspunkt der Konferenz aber war der bereits in Godesberg gefaßte Beschluß vom 21. September. Zur Verhandlung stand lediglich die Art der Durchführung. Wenn behauptet wurde, daß die Tschechen dabei nicht zugegen waren, dann sei festgestellt: auch die Sudetendeutschen nicht. Dies war beim Stand der Dinge damals auch gar nicht notwendig.

Gegen Mitternacht wurde das bekannte Kommuniqué des Münchner Abkommens ausgegeben und von den Beteiligten auf eine Volksabstimmung verzichtet, die im Hinblick auf die Situation im Sudetengebiet auch dem weltfremdesten Franzosen oder Engländer überflüssig erschien. Auch Benesch verlangte keine solche und warnte in einem Schreiben seine Anhänger ausdrücklich vor einer solchen, weil er wußte, daß dann auch die anderen Nationen des Tschechenstaates die Forderung nach dem Selbstbestimmungsrecht erheben würden. Die tschechische Regierung nahm am 30. September das Münchner Abkommen an, fünf Tage später trat Benesch zurück, weil auch seine treuesten Freunde erkannten, daß er seine unglückliche Rolle in dieser Phase ausgespielt hatte. Er sollte sie später noch einmal übernehmen und auch dabei erneut ein Unglücksbringer für sein Volk und darüber hinaus sein.

Als die Ereignisse vorüber waren und das Sudetenland längst ein Stück des Großdeutschen Reiches geworden war, beruhigte sich die internationale Presse und Öffentlichkeit außerordentlich schnell, und es ist nur interessant, was die maßgebenden europäischen Pressestimmen dieser Zeit zu sagen wußten, in der sich angeblich ein so schreiendes Unrecht in Mitteleuropa vollzogen hatte. Die „Times" schrieb zunächst am 4. Oktober: „Der erste tschechoslowakische Staat ist zugrunde gegangen mit der Politik, aus der er geboren wurde. Er hätte niemals einen Krieg überlebt, und sein Untergang ohne wirklichen Krieg erfolgte automatisch. Er war zum Untergang bestimmt, als seine größte Minderheit genügend Rückhalt im Ausland fand."
Am anderen Tag schrieb die gleiche Zeitung in bekannt schnoddriger angelsächsischer Manier etwas, was die antienglische Stimmung im tschechischen Volk fortan sehr anheizen sollte: „Es ist weiter nichts geschehen, als daß man von der Tschechoslowakei eine Bevölkerung abgetrennt hat, die ihr niemals hätte ausgeliefert werden sollen und auf die sie keinen moralischen Anspruch erheben konnte."

Daß gute Geschäfte auch in derartigen Krisenzeiten gerne gesehen sind, enthüllte der „Glasgow Herald" am 5. Oktober 1938, indem er berichtete: „Die Tschechen behaupten heute selbst, froh zu sein, daß das Sudetenland weggefallen ist, weil es für sie wirtschaftlich eine Last bedeutete. Es war nur altmodischer Stolz, dem wir soviel Unglück auf der Welt verdanken, der sich gegen einen Verzicht auf dieses Gebiet aufbäumte. In der Zwischenzeit haben die Tschechen offenkundig eingesehen, wo ihre wahren Freunde sind, denn sie haben die englische Regierung bereits um ein Darlehen ersucht."

Abgesehen davon, daß es eine Unverfrorenheit bedeutet, wenn die Tschechen das durch ihre eigene Schuld dem wirtschaftlichen Ruin preisgegebene Sudetenland als Ballast empfanden, so ist das Eingeständnis hinsichtlich des Darlehens, das man ausgerechnet in dieser Stunde veröffentlicht, ein typischer Akt westlicher Diplomatie. Was die Welt damals von den Dingen wirklich hielt, geht unter anderem aus der Erklärung des englischen Ministers Chamberlain am 17. März 1939 hervor, als er sogar noch nach der Vernichtung der Resttschechei und der Errichtung des Protektorates Böhmen und

Mähren im englischen Unterhaus darlegte: „Wäre es zu einem Kriege gekommen, wir hätten die CSR niemals so hergestellt, wie sie im Versailler Vertrag geschaffen wurde. Ein Problem, für das man längst hätte eine Lösung finden müssen, wenn die Staatsmänner der letzten zwanzig Jahre mehr Pflichtgefühl gehabt hätten."

Lord Halifax gab damals offiziell folgende Erklärung ab: „Es war für England unmöglich, die Waffen zu ergreifen, um die Durchführung des Selbstbestimmungsrechtes eines Volkes von dreieinhalb Millionen im Wege einer Abstimmung zu verhindern." Lordkanzler Mangham aber erklärte am gleichen Tage lakonisch: „Es handelt sich bei der CSR um einen Staat, der eigentlich niemals hätte gebildet werden dürfen."
Wie die wahre Stimmung damals in Europa war, beweist der jubelnde Empfang, der dem französischen Ministerpräsidenten bei seiner Rückkehr aus München in Paris bereitet wurde. Denken wir daran, daß sowohl das englische Unterhaus als auch die Pariser Nationalversammlung über das Münchner Abkommen abstimmten.
Die Ergebnisse der Abstimmung lauteten in London: 366 für das Abkommen und 144 dagegen. Dieses Ergebnis kam zustande, obwohl Churchill vorher eine wütende Philippika gegen Deutschland und das Abkommen gehalten hatte.

In Paris lautete der Beschluß noch eindeutiger: 535 Stimmen für und 75 dagegen, als ob es hier niemals eine Volksfrontregierung gegeben hätte. Der Präsident der Vollversammlung des Völkerbundes erklärte im Oktober 1938, als über die Veränderungen in Mitteleuropa diskutiert wurde: „Chamberlains Name wird heute in allen Heimen der Erde gesegnet, denn es ist der Name des Friedens."

Wenige Tage später marschierten die Soldaten der deutschen Wehrmacht über einen Blumenteppich und vorbei an jubelnden Menschen in das Sudetenland ein, das nochmals bei einer Wahl im Dezember Gelegenheit hatte, seine Meinung zu äußern, nachdem die Wahlen im Mai 1938 bereits als Volksabstimmung gewertet werden müssen. Auch diesmal war das Ergebnis eindeutig und lag weit über 90 Prozent.
Ein geschichtliches Ereignis hatte einen Zustand herbeigeführt, der dem Willen einer damals unvorstellbar großen Mehrheit der Betroffenen entsprach. Nicht Parteiprogramme standen im Vordergrund bei den Deutschen des Auslandes, die nun Bürger des Reiches geworden waren, sondern die Überzeugung, daß aus dieser Entwicklung dem eigenen Volke eine stolze Zukunft durch eine neue Reichsidee erwachsen werde.

DIE TSCHECHISCHE SCHEINDEMOKRATIE

„Selbst der Name der tschechoslowakischen Republik ist eine Lüge, weil man unter der Bezeichnung Republik eine frei gewählte Regierung und das Fehlen von Klassenunterschieden versteht. Es existiert dort auch keine Volksgruppe mit dem Namen Tschechoslowaken . . . Die Tschechoslowakei hat gar keine Existenzberechtigung" . . .

(The „American Mercury" New York, Mai 1938)

„Es handelt sich bei der CSR um einen Staat, der eigentlich niemals hätte gebildet werden dürfen" . . .

(Lordkanzler Mangham im Englischen Unterhaus)

Erschütternder Abschied von Deutschösterreich. Die sudetendeutschen Abgeordneten im Wiener Parlament. (Nach einer zeitgenössischen Vorlage.)

Aus der staatsrechtlichen Erklärung der deutschen nicht marxistischen Parteien (Deutscher Parlamentarischer Verband) vom 1. Juni 1920

Die Deutschen Böhmens, Mährens und Schlesiens und die Deutschen der Slowakei hatten niemals den Willen, sich mit den Tschechen zu vereinigen und einen Bund zur Schaffung einer Tschechoslowakischen Republik zu bilden. Dagegen haben die in den deutschen Sudetengebieten gewählten österreichischen Reichsratsabgeordneten als berufene Vertreter ihrer Heimat in Ausführung des allgemeinen Volkswunsches, wie er in ungezählten Volksversammlungen und Gemeindebeschlüssen unzweifelhaft zum Ausdruck gekommen ist, nach dem Zerfalle Österreichs ausdrücklich erklärt, sich an Deutschösterreich, und zwar als Deutschböhmen, Sudetenland, Deutschmähren und Böhmerwaldgau, anzuschließen.
Die Tschechoslowakische Republik ist daher das Ergebnis eines einseitigen tschechischen Willensaktes und hat diese Gebiete widerrechtlich und mit Waffengewalt besetzt.

Die deutschen Sudetenländer sind in der Tat um ihren Willen niemals befragt worden, und das Ergebnis der Friedensverträge ist daher mit Beziehung auf sie die Sanktionierung eines Gewalt-, aber niemals eines Rechtszustandes. Wir verwerfen daher die Fabel vom rein tschechischen Staate und von der „tschechoslowakischen Nation" sowie von der tschechoslowakischen Sprache" als mit den Tatsachen handgreiflich im Widerspruch stehend. Wir werden niemals die Tschechen als Herren anerkennen, niemals uns als Knechte in diesem Staat fügen. Unrecht kann auch durch tausendjährige Übung niemals Recht werden, insolange es nicht von den betreffenden selbst auf Grund freier Entschließung anerkannt wurde, und wir verkünden demnach feierlich, daß wir niemals aufhören werden, die Selbstbe-
die Selbstbestimmung unseres Volkes zu fordern,
daß wir dies als den obersten Grundsatz aller unserer Maßnahmen und unseres Verhältnisses zu diesem Staate, den gegenwärtigen Zustand als unser unwürdig und mit den Grundsätzen moderner Entwicklung unvereinbar betrachten . . . .

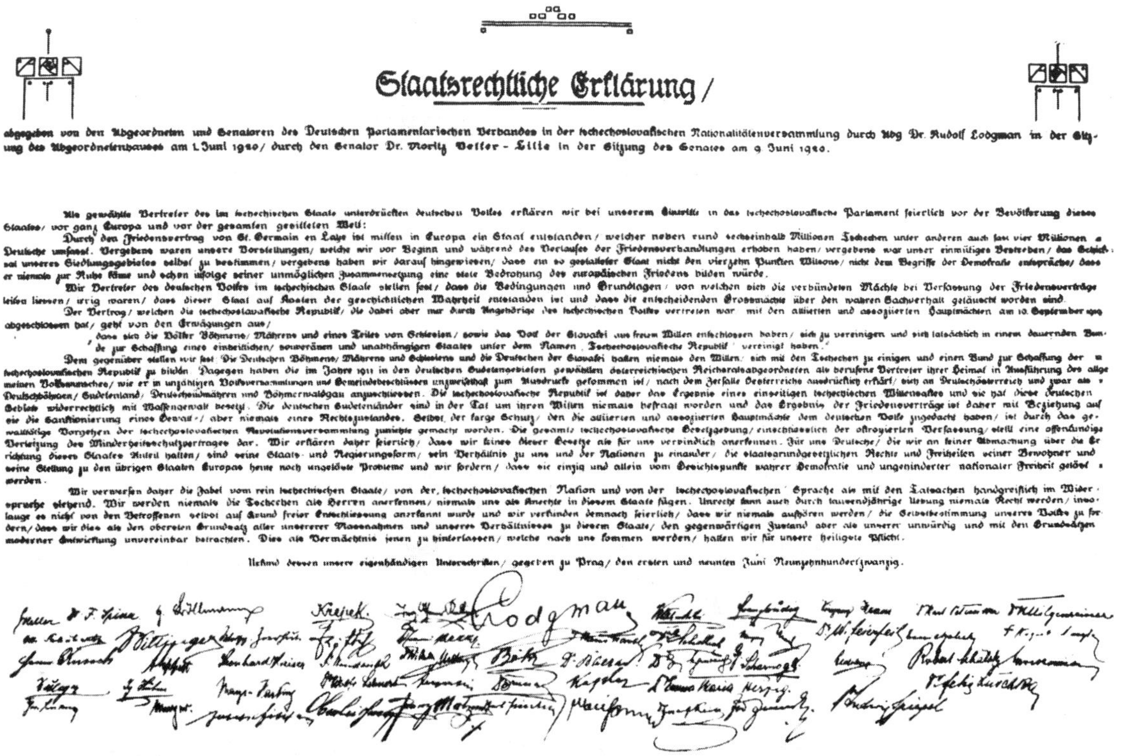

Staatsrechtliche Erklärung/

abgegeben von den Abgeordneten und Senatoren des Deutschen Parlamentarischen Verbandes in der tschechoslovakischen Nationalitätenversammlung durch Abg. Dr. Rudolf Lodgman in der Sitzung des Abgeordnetenhauses am 1. Juni 1920/ durch den Senator Dr. Moritz Vetter - Lilie in der Sitzung des Senates am 9. Juni 1920.

Als gewählte Vertreter des im tschechischen Staate unterdrückten deutschen Volkes erklären wir bei unserem Eintritte in das tschechoslovakische Parlament feierlich vor der Bevölkerung dieses Staates/ vor ganz Europa und vor der gesamten gesitteten Welt:

Durch den Friedensvertrag von St. Germain en Laye ist mitten in Europa ein Staat entstanden/ welcher neben rund sechseinhalb Millionen Tschechen unter anderen auch fast vier Millionen Deutsche umfasst. Vergebens waren unsere Vorstellungen/ welche wir vor Beginn und während des Verlaufes der Friedensverhandlungen erhoben haben/ vergebens war unser einmütiges Bestreben/ das Schicksal unseres Siedlungsgebietes selbst zu bestimmen/ vergebens haben wir darauf hingewiesen/ dass ein so gestalteter Staat nicht den vierzehn Punkten Wilsons/ nicht dem Begriffe der Demokratie entspräche/ dass er niemals zur Ruhe käme und schon infolge seiner unmöglichen Zusammensetzung eine stete Bedrohung des europäischen Friedens bilden würde.

Wir Vertreter des deutschen Volkes im tschechischen Staate stellen fest/ dass die Bedingungen und Grundlagen/ von welchen sich die verbündeten Mächte bei Verfassung der Friedensverträge leiten liessen/ irrig waren/ dass dieser Staat auf Kosten der geschichtlichen Wahrheit entstanden ist und dass die entscheidenden Grossmächte über den wahren Sachverhalt getäuscht worden sind.

Der Vertrag/ welchen die tschechoslovakische Republik/ die dabei aber nur durch Angehörige des tschechischen Volkes vertreten war mit den alliierten und assoziierten Hauptmächten am 10. September 1919 abgeschlossen hat/ geht von den Erwägungen aus/

„dass sich die Völker Böhmens/ Mährens und eines Teiles von Schlesien/ sowie das Volk der Slovakei aus freiem Willen entschlossen haben/ sich zu vereinigen und sich tatsächlich in einem dauernden Bunde zur Schaffung eines einheitlichen/ souveränen und unabhängigen Staates unter dem Namen „Tschechoslovakische Republik“ vereinigt haben.“

Dem gegenüber stellen wir fest: Die Deutschen Böhmens/ Mährens und Schlesiens und die Deutschen der Slovakei hatten niemals den Willen/ sich mit den Tschechen zu einigen und einen Bund zur Schaffung der tschechoslovakischen Republik zu bilden. Dagegen haben die im Jahre 1911 in den deutschen Sudetengebieten gewählten österreichischen Reichsratsabgeordneten als berufene Vertreter ihrer Heimat in Ausführung des allgemeinen Volkswunsches/ wie er in unzähligen Volksversammlungen und Gemeindebeschlüssen unzweifelhaft zum Ausdruck gekommen ist/ nach dem Zerfalle Oesterreichs ausdrücklich erklärt/ sich an Deutschösterreich und zwar als Deutschböhmen/ Sudetenland/ Deutschsüdmähren und Böhmerwaldgau anzuschliessen. Die tschechoslovakische Republik ist daher das Ergebnis eines einseitigen tschechischen Willensaktes und sie hat diese deutschen Gebiete widerrechtlich mit Waffengewalt besetzt. Die deutschen Sudetenländer sind in der Tat um ihren Willen niemals befragt worden und das Ergebnis der Friedensverträge ist daher mit Beziehung auf sie die Sanktionierung eines Gewalt-/ aber niemals eines Rechtszustandes. Selbst der karge Schutz/ den die alliierten und assoziierten Hauptmächte dem deutschen Volke zugedacht haben/ ist durch das gewalttätige Vorgehen der tschechoslovakischen Revolutionsversammlung zunichte gemacht worden. Die gesamte tschechoslovakische Gesetzgebung/ einschliesslich der oktroyierten Verfassung/ stellt eine offenkundige Verletzung des Minderheitsschutzvertrages dar. Wir erklären daher feierlich/ dass wir keines dieser Gesetze als für uns verbindlich anerkennen. Für uns Deutsche/ die wir an keiner Abmachung über die Errichtung dieses Staates Anteil hatten/ sind seine Staats- und Regierungsform/ sein Verhältnis zu uns und der Nationen zu einander/ die staatsgrundgesetzlichen Rechte und Freiheiten seiner Bewohner und seine Stellung zu den übrigen Staaten Europas heute noch ungelöste Probleme und wir fordern/ dass sie einzig und allein vom Gesichtspunkte wahrer Demokratie und ungehinderter nationaler Freiheit gelöst werden.

Wir verwerfen daher die Fabel vom rein tschechischen Staate/ von der tschechoslovakischen Nation und von der tschechoslovakischen Sprache als mit den Tatsachen handgreiflich im Widerspruche stehend. Wir werden niemals die Tschechen als Herren anerkennen/ niemals uns als Knechte in diesem Staate fügen. Unrecht kann auch durch tausendjährige Uebung niemals Recht werden/ insolange es nicht von den Betroffenen selbst auf Grund freier Entschliessung anerkannt wurde und wir verkünden demnach feierlich/ dass wir niemals aufhören werden/ die Selbstbestimmung unseres Volkes zu fordern/ dass wir dies als den obersten Grundsatz aller unsererer Massnahmen und unseres Verhältnisses zu diesem Staate/ den gegenwärtigen Zustand aber als unserer unwürdig und mit den Grundsätzen moderner Entwicklung unvereinbar betrachten. Dies als Vermächtnis jenen zu hinterlassen/ welche nach uns kommen werden/ halten wir für unsere heiligste Pflicht.

Urkund dessen unsere eigenhändigen Unterschriften/ gegeben zu Prag/ den ersten und neunten Juni Neunzehnhundertzwanzig.

Bereits unmittelbar nach der Errichtung der Tschechei durch die Signatarmächte von 1918 protestierten die sudetendeutschen Parteien gegen die Okkupation durch die Tschechen und verlautbarten obenstehende „Staatsrechtliche Erklärung."

In der Zeit der Weimarer Republik: Eine Großkundgebung des sudetendeutschen Heimatbundes 1931 in Dresden mit Admiral v. Trotha als Redner und in Anwesenheit von Vertretern der damaligen Reichsregierung.

Konrad Henlein, der politische Führer der überwältigenden Mehrheit der Sudetendeutschen, hatte als Turnlehrer den Auf- und Ausbau des Sudetendeutschen Turnverbandes beispielhaft vollzogen und dabei – für die damalige Zeit – völlig neue Methoden der Leibeserziehung und Mannschaftsführung entwickelt, die internationale Beachtung fanden.

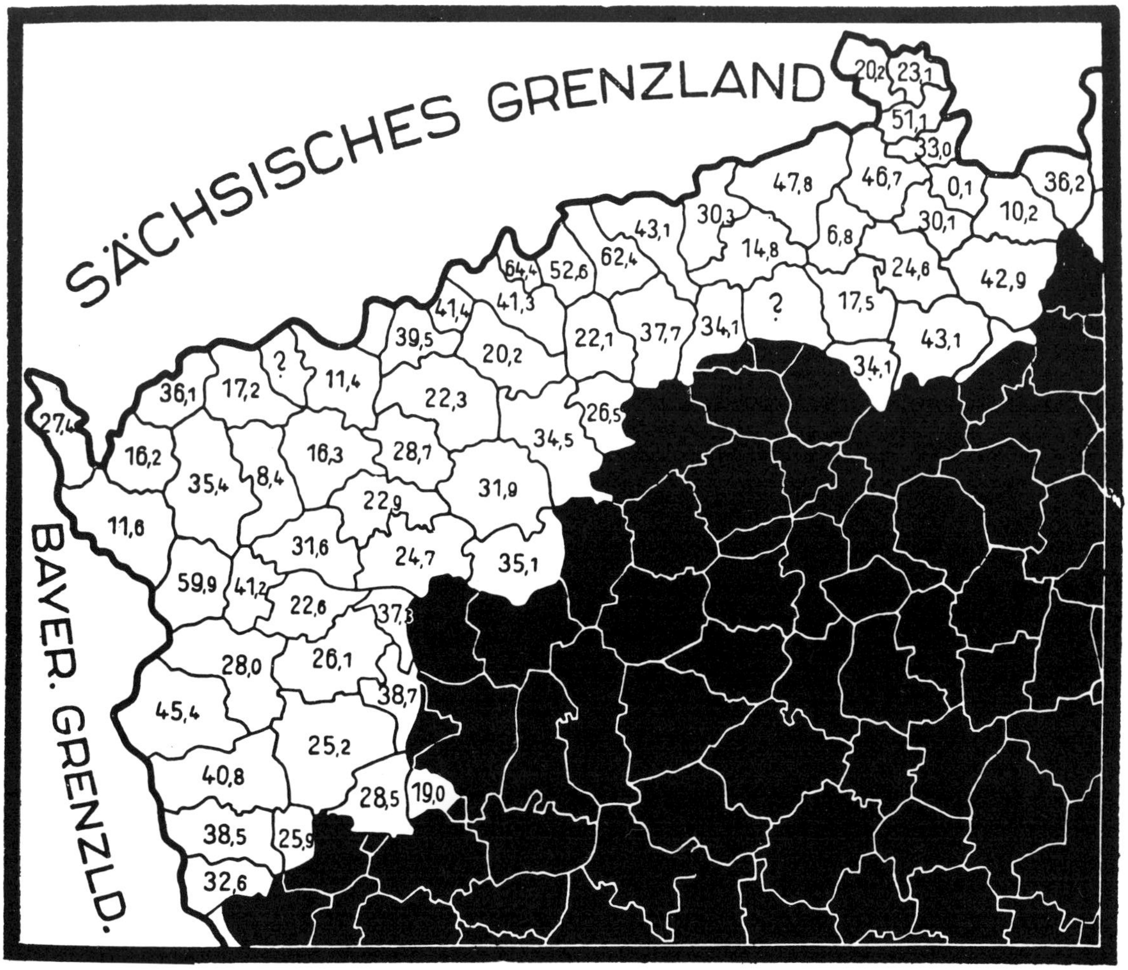

Die tschechische Bodenreform in einem Teil des sudetendeutschen Gebietes. Die „beschlagnahmte" Fläche ist bezirksweise in Hundertsätzen der Gesamtfläche angegeben.

Einer der führenden sudetendeutschen Politiker, der Lehrer Peter Donnhäuser, kam am 22. April 1933 im Polizeigefängnis in Karlsbad auf rätselhafte Art ums Leben.

Er war einer der 212 sudetendeutschen Todesopfer, die in der „Friedenszeit" zwischen 1918 und 1938 ermordet wurden.

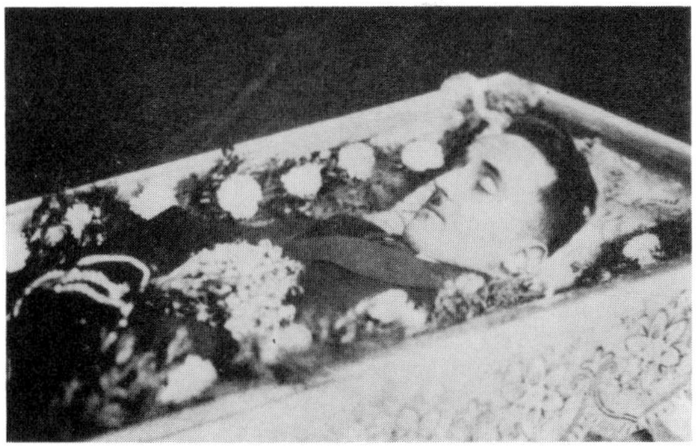

Von der Not gezeichnet: Hunger und Hoffnungslosigkeit. Wer hilft uns? Wer stillt den Hunger der Kinder? Wann kommt endlich Hilfe?

Industrieverlagerungen ins tschechische Gebiet, Wirtschaftselend, Arbeitslosigkeit und minimale staatliche Arbeitslosenfürsorge sorgten für solche Ruinen.

Eine demontierte Fabrik im Sudetenland, deren Maschinen in das „Landesinnere" verladen wurden.

Beschlagnahme, Hausdurchsuchungen, schießende Tanks in wehrlosen Ortschaften, Bürgerkrieg nach dem Muster des spanischen und doch – die tschechische Propaganda sprach vom „Terror der Sudetendeutschen".

Getreide und Zucker wurden vernichtet, aber Hunger und Arbeitslosigkeit wüteten unter der deutschen Bevölkerung. Die ungeheuere soziale Verelendung war ein Stück der Not, die man natürlich mancherorts heute nicht mehr wahrhaben will.

An die gesamte Bevölkerung von Nordböhmen.

AUFRUF!

Neben der ungeheueren Arbeitslosigkeit herrscht fürchterlicher Hunger in vielen Familien. Mehl, Brot und Zucker sind zu teuer. Krankheit und unterernährte Kinder sind die Folgen. Mit Bangen blickt der deutsche Nachwuchs in die Zukunft.

80.000 Waggon unverkauftes Getreide

lagern in den Speichern der Getreidegesellschaft.

Die Bevölkerung kann nicht mehr schweigen und zusehen, wie die Not und das Elend immer größer werden und einzelne Wenige sich dabei auf Kosten der Gesamtheit bereichern.

Die Vorräte dürfen nicht ins Ausland zu Schleuderpreisen exportiert werden, die Vorräte dürfen auch nicht verderben.

10.000 Waggon billiges Getreide müssen für Nordböhmen freigegeben werden!

Wir fordern, daß diese 10.000 Waggon zum Preise von 70 Kč per 100 kg Weizen und 90 Kč per 100 kg Roggen freigegeben werden. Das daraus erzeugte Mehl könnte dann durch die befugte Händlerschaft und durch die Konsumvereine um Kč 1·90 und das Brot um Kč 1·70 per Kilogramm an die Bevölkerung abgegeben werden. Die Differenz zwischen den jetzigen Monopolpreisen und den von uns beantragten Ankaufspreisen soll auf die Weise gedeckt werden, daß der Uebernahmspreis aus der nächsten Ernte bei Großgrundbesitzern, die ein Bodenflächenausmaß von über 50 ha besitzen, bei Weizen und Roggen um Kč 20·—, bei Gerste und Hafer um Kč 10·— per q niedriger anzusetzen ist, als bei Bauern mit einer Anbaufläche bis zu 50 ha.

Zucker ist im Ueberfluß vorhanden und doch für Viele ein Luxus!

Die Erzeugungskosten für 1 Kilogramm Zucker betragen Kč 1·20. Im Ausland kostet unser Zucker 70 bis 80 Heller per Kilogramm. Der kleine Kaufmann zahlt für 1 Kilogramm Zucker Kč 6·05. Der Verkaufspreis beträgt Kč 6·40 per Kilogramm.

Wer ist also der Verdiener beim Zucker?

Kartelle und Monopole sind die Urheber dieser Ueberpreise. Die Kartellherren verdienen trotz Krise und Elend Riesenprofite. Dem Arbeiter wird jedoch das Letzte genommen. Der Gewerbetreibende, der kleine Kaufmann wird ruiniert.

Auch die Margarine soll teurer werden!

Margarine, die von einem Großteil der Bevölkerung als einziger Fettstoff verwendet wird, wurde versteuert und soll teurer werden. Dadurch würde die Lebenshaltung der breiten Masse der Bevölkerung aufs Neue herabgesetzt werden und weiterer Umsatzrückgang, weitere Arbeitslosigkeit wären die Folgen.

Wir wiederholen nochmals die Forderungen:

10.000 Waggon billiges Getreide nach Nordböhmen!
Für die Verbilligung des Zuckers!
Gegen die Verteuerung der Margarine!

Wir rufen die gesamte Bevölkerung auf

sich diesen Forderungen anzuschließen und bitten um Zustimmungserklärungen.

Bezirkskomitee für billiges Getreide in Reichenberg — Reichsverband Deutscher Bäcker für die Tschechoslow. Republik — Kreiskonsumverein „Vorwärts" Reichenberg — Verband der Gewerbegenossenschaften für den pol. Bezirk Reichenberg (Landgemeinden) — Konsumverein der Eisenbahner, Reichenberg — „Edka" Einkaufsgenossenschaft d. Kaufleute, Sitz: Gablonz — Konsumverein „Selbsthilfe" in Reichenau — „Edka" Einkaufsgenossenschaft d. Kaufleute Ruppersdorf — Konsumverein der Eisenbahner in Böhm.-Leipa — Genossenschaft d. Handelstreibenden Alt-Habendorf, Fachgruppe d. Lebensmittelhändler — Konsumverein „Vorwärts" Zwickau — Gemischte Gewerbegenossenschaft Paulsdorf — Konsumverein „Eintracht" Steinschönau — Handelsgremium Liebenau — Konsumgenossenschaft „Einigkeit" Radl — Einkaufsgenossenschaft „Fortschritt", Sitz: Josefsthal — Einkaufsgenossenschaft d. Kaufleute von Johannesberg und Umgebung.

Die Pflege des Volkstums, der Trachten und Volksbräuche war eines der Hauptanliegen der Schutzverbände, in denen die Sudetendeutschen über alle Parteien hinweg ihre großen Feste und Veranstaltungen begingen.

Nur behelfsmäßig konnten alle Verwaltungsstellen der Sudetendeutschen aufrecht erhalten werden, da die Geldmittel für die notwendige Betreuung und Werbung verwendet werden mußten.

Hans Knirsch, einer der führenden Politiker der Sudetendeutschen.

Zu Zehntausenden strömten die Sudetendeutschen zu den Kundgebungen, als es klar wurde, daß kommende Entscheidungen unausbleiblich waren.

TABAK

1. Mai 1938. Die Sudetendeutschen begehen den Tag der Arbeit zum ersten Mal als geeinte Volksgruppe, die bei den eben stattfindenden Wahlen – trotz des tschechischen Drucks – mit mehr als 90% der Stimmen die Sudetendeutsche Partei wählen.

Sudetendeutsche!

Kameraden und Kameradinnen!

In entscheidender Stunde feiern wir dieses Mal den Festtag der schaffenden Arbeit. Die ganze Welt blickt auf uns und rüstet sich, unsere Aufmärsche zum Maßstab für ihr Urteil darüber zu machen, wie weit das gesamte Sudetendeutschtum hinter den von Konrad Henlein am 24. April d. J. erhobenen Forderungen steht.

Uns selbst erfüllen Freude und Stolz. Ein nun fast fünfjähriger Kampf, den wir in einer verzweifelten Lage und aus den kleinsten Anfängen heraus um Schicksal und Zukunft unserer Heimat gekämpft haben, hat uns aus tiefster Erniedrigung und schmachvollster Ohnmacht in höchster politischer Kraftentfaltung bis zur Schwelle des endlichen Sieges emporgeführt.

Eine ungeheure Dankbarkeit erfüllt uns! Ob wir Arbeiter oder Bauern, Schaffende der Faust oder der Stirn sind, alle wissen wir, daß wir die große Wendung unseres Schicksals einem Manne verdanken, der für uns alle dachte und handelte, und in unbeirrbarer Entschlossenheit den Weg des Aufstieges bereitete, auf dem wir ihm bis heute gefolgt sind: Konrad Henlein.

Mit voller Berechtigung erwartet er als Führer unserer Volksgruppe, in diesen geschichtlichen Tagen eines von uns: daß wir ihm am Festtage der Arbeit in den Aufmärschen unserer Bewegung den Beweis dafür erbringen, daß er tatsächlich im Namen der gesamten Volksgruppe sprach und von der Liebe und dem Vertrauen aller Sudetendeutschen getragen, am 23. April jene Forderungen erhoben hat, die die Lebensforderungen eines jeden Einzelnen von uns sind.

Sudetendeutsche!

Es darf am 1. Mai keinen Volksgenossen geben, der sich der Pflicht, durch seine Teilnahme an unseren Aufmärschen Konrad Henlein zu danken, entziehen könnte. Ob Mann, ob Frau, ob Greis oder Jüngling, allen muß am 1. Mai eines bewußt sein:

daß dieser Tag nicht ihnen, sondern dem Führer der Volksgruppe, unserer Einheitsbewegung und dem Kampfe um Schicksal und Zukunft gehört.

Es kann an diesem 1. Mai keine Entschuldigungen geben, durch die ein Fernbleiben von unseren Kundgebungen gerechtfertigt wäre. Zu groß und zu gewaltig sind die Entscheidungen, um die es geht, um die Lauheit der Lauen, die Bequemlichkeit der Bequemen oder die Feigheit der Feigen gelten zu lassen. Jahr für Jahr, Tag für Tag, und Stunde für Stunde hat Konrad Henlein nicht gezaudert, sein ganzes Leben dem Schicksal unserer Volksgruppe zu weihen. Das Sudetendeutschtum darf nicht zaudern, ihm diesen einen Tag, den 1. Mai, zu schenken!

Sudetendeutsche!

Kameraden und Kameradinnen!

Macht es Euch selbst und allen anderen zur Ehrensache:

Der 1. Mai gehört dem Führer unserer Volksgruppe! Der 1. Mai gehört dem Kampfe um die Zukunft unserer Heimat, der 1. Mai gehört den Aufmärschen der Sudetendeutschen Partei!

Keiner darf fehlen und keiner darf abseits stehen. Die Welt muß sehen, daß wir eins sind mit Konrad Henlein und der Bewegung, deren Sieg nahe ist.

Der Leiter des Hauptamtes für Propaganda:

Abg. Rudolf Sandner.

Heil Moskau!
Es lebe Prag!
Täglicher Anschauungsunterricht
für eine angebliche Demokratie
im Herzen Europas.

Die rote Fratze über dem Sudetenland: Werbung für Rotspanien. Hinter der Maske des Antifaschismus verbarg sich der planmäßige Vollzug der Weltrevolution.

Immer deutlicher wurde es den Verantwortlichen dieser Welt, daß sich in den historischen Ländern Böhmen, Mähren und Schlesien ein Stück Schicksal des Kontinents vorzubereiten begann und daß Kräfte in Europa am Werke waren, die Kriegsfackel zu entzünden.

Befohlen wurde die Ablieferung aller Rundfunkgeräte, das Hören des Deutschen Rundfunks war „staatsgefährlich” und wurde unter Strafe gestellt.

Hausdurchsuchungen, Plünderungen und Leibesvisitationen auf offener Straße durch die tschechische Gendarmerie waren an der Tagesordnung.

In Graslitz fuhren die Tanks der Tschechen nächtelang durch die Straßen und hinterließen ihre Spuren.

Niedergrund bei Warnsdorf. Wohlgemerkt, das war ein Bild aus Friedenstagen der Beneschrepublik.

OBERT RIEDE
CHHAUEREI & SELCHEREI.

Unerträgliche Zustände auch in Graslitz.

Standrecht im September 1938. Dabei faselte die Regierung von einer Insel des Friedens mitten in Europa und weite Kreise des Auslandes glaubten diese Lüge.

VYHLÁŠKA.
právo stanné
pro politický okres Liberec
smrtí potrestán
Dr. SOBOTKA v. r.
KUNDMACHUNG.
Standrechtes
für dem politischen Bezirk Reichenberg
mit dem Tode
Dr. SOBOTKA m. p.

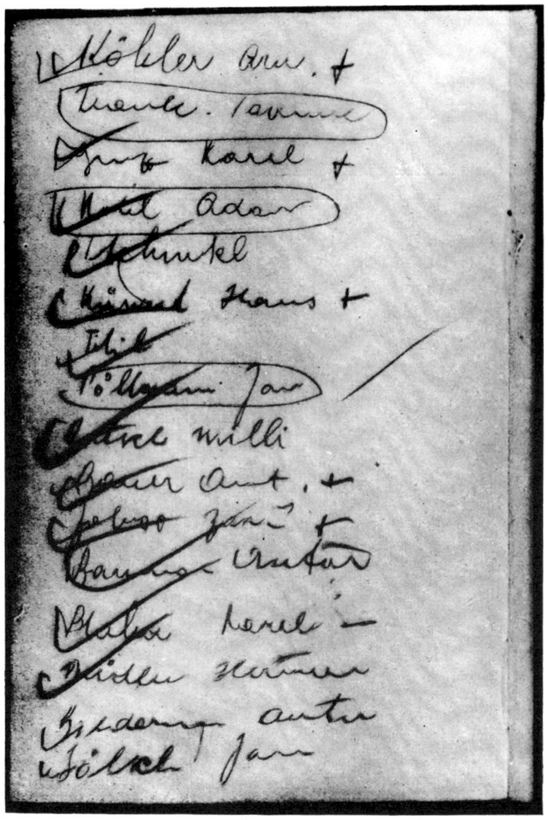

Schwarze Listen, Material für „tschechische Konzentrationslager".
„Wenn Hitler kommen sollte, dann werdet Ihr alle erschossen!" So wurde jedem der Häftlinge nach der Einlieferung bedeutet.

Nach einer vorangegangenen Hausdurchsuchung sah es in den deutschen Kanzleien so aus!

Und doch . . .

. . . die Zahl der Opfer wuchs von Tag zu Tag.

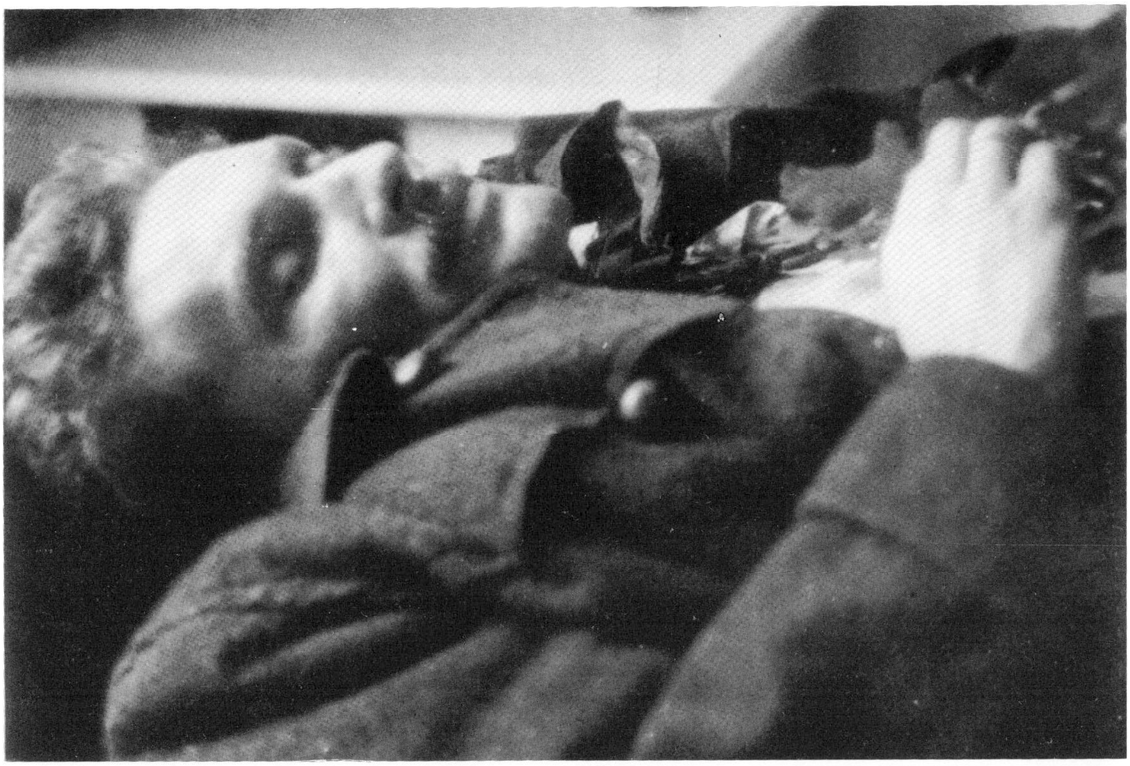

Bilder des Schreckens, die leider keine „Propaganda" waren.

Verhaftungen, Artillerieeinsatz, Hausdurchsuchungen und Terrorurteile machten für die Bewohner vieler Bezirke den Aufenthalt in der Heimat unerträglich und sie flohen in das Reich.

200000 Sudetendeutsche flohen vor dem Terror in das Deutsche Reich, wo sie von der NSV hervorragend betreut wurden und wo man sich vor allem der Mütter und Kinder annahm. Auch politisch Andersdenkende erfuhren etwas von der Solidarität, die damals eine ganze Nation erfüllte.

Das alarmierende Wort: „Ich spreche von der Tschechoslowakei!" Unmittelbar vor der entscheidenden Rede Adolf Hitlers in Berlin, die den weiteren Ablauf der Ereignisse wesentlich bestimmte.

91384
Gau Bayerische Ostmark
verschickt sudetendeutsche
Mütter u. Kinder an die

in der Tschecho-Slowakei sind

Als die Zustände innerhalb des Beneschstaates immer unerträglicher wurden, versuchten ausländische Regierungen mit Ratschlägen und Anregungen zu einer Entspannung beizutragen. Als diese monatelangen Versuche im Jahre 1938 nichts nützten, unternahm die englische Regierung einen entscheidenden Schritt: Sie forderte, daß Benesch offiziell um Entsendung eines internationalen Beobachters bitten sollte, dessen Aufgabe es zu sein habe, ein unabhängiges und unbeeinflußbares Gutachten über die innenpolitische Lage der Tschechei herzustellen. Nichts beleuchtet die totale Veränderung der Situation deutlicher als diese Tatsache.

Benesch mußte bitten. Er bat tatsächlich und an der Spitze einer Kommission trat der englische Lord Runciman seine Beobachtungsreise durch das Sudetenland an. Er forschte nach, untersuchte, beobachtete, verhörte, verglich und ließ sich durch keinerlei Ablenkungsmanöver aus dem Konzept bringen. Als er nach Wochen intensiver Tätigkeit die Tschechei verließ, legte er ein Gutachten vor, das in einem Schlußbericht am 14. September zusammengefaßt wurde. Es war die Begründung für die weiteren Maßnahmen der englischen Regierung, aber auch ein Todesurteil für den Zwangsstaat an der Moldau.

„Es ist bitter, von einem fremden Volk beherrscht zu werden", so begann das Gutachten, in dem es dann unter anderem heißt: „Selbst in dem sehr späten Zeitpunkt meiner Mission habe ich auf Seiten der tschechoslowakischen Regierung keinerlei Bereitwilligkeit gefunden, den Beschwerden der Sudetendeutschen in auch nur angemessenem Ausmaß abzuhelfen." Die Schlußsätze lauten, ebenfalls wörtlich: „Für mich ist es selbstverständlich, daß die zwischen Deutschland und der Tschechoslowakei liegenden Grenzbezirke, in denen die Sudetendeutschen die klare Mehrheit haben, sofort das uneingeschränkte Selbstbestimmungsrecht erhalten sollten. Jede Art von Volksabstimmung halte ich hinsichtlich dieser überwiegenden deutschen Gebiete für eine reine Formalität. Die große Mehrheit der Bevölkerung wünscht die Vereinigung mit Deutschland. Ich bin daher der Ansicht, daß diese Grenzbezirke von der Tschechoslowakei unverzüglich an Deutschland übertragen werden sollten."

Lord Runciman
auf seiner Rundreise
durch das Sudetenland

Wo liegt hier Gewalt vor? Hier hat im Gegenteil ein sehr kritischer und mißtrauischer Brite nach reiflicher Überlegung seine entscheidende Meinung abgegeben und sogar vor jedem Zwischenspiel einer – ohnedies in ihrem Ergebnis unzweifelhaften – Volksabstimmung gewarnt.

Der Beneschstaat hat dieses Gutachten nur um Wochen überlebt, denn jetzt begannen die Entscheidungen ihren Lauf zu nehmen, die englische Regierung wurde deutlicher, und auch Frankreich, der bisher „beste Bundesgenosse" der Tschechei, lehnte jede weitere Verantwortung ab. Die Sudetendeutschen begannen zu hoffen.

DIE ENTSCHEIDUNG IN MÜNCHEN

„Die schändliche Behandlung der nationalen Minderheiten muß im Interesse des Friedens beseitigt werden, wie auch mit der Beneschclique abgerechnet werden muß" . . .

(„Het Nieuwe Nederland", Amsterdam, Januar 1938)

„Die tschechische Regierung hat nie Gerechtigkeit gegenüber ihren Minderheiten geübt" . . .

(„Manchester Guardian", 7. Oktober 1938)

„Nach zwanzig Jahren der Legenden wurde unser Volk vor die schreckliche, rauhe Wirklichkeit gestellt . . . Heute zeigt sich, daß kein Volk von Legenden leben kann" . . .

(„Narodni Noviny" Prag, 23. November 1938)

Auf dem Berghof und in Godesberg fanden die Vorbesprechungen zwischen Premierminister Chamberlain und Adolf Hitler statt, die zum Abkommen von München führten.

Die italienischen Gäste bei ihrem Eintreffen in München . . .

Adolf Hitler und Benito Mussolini beim Studium der Landkarte von Mitteleuropa während der Fahrt von Kufstein nach München.

Man schrieb den 29. September 1938. Der italienische Staatschef war in München eingetroffen und fuhr im Triumphzug durch die Stadt, hier am Rathausplatz vorbei.

Am gleichen Tage trafen der französische Ministerpräsident Daladier und sein englischer Kollege Chamberlain auf dem Münchner Flughafen Oberwiesenfeld ein, und die bereits mehr als eine Woche zuvor in Godesberg beschlossenen Vereinbarungen wurden in einem Abkommen festgelegt. Sie brachten den Sudetendeutschen die Freiheit von der Tschechenherrschaft und den Anschluß ihres Landes an das Deutsche Reich und haben den Frieden Europas noch für kurze Zeit erhalten, obwohl Benesch und seine Hintermänner damals bereits den Krieg vom Zaune brechen wollten.

Noch am 17. März 1939 erklärte der englische Ministerpräsident Neville Chamberlain: „Wäre es zu einem Krieg gekommen, wir hätten die CSR niemals so hergestellt, wie sie im Versailler Vertrag geschaffen wurde . . ."

Hier fanden die Münchner Verhandlungen statt, die eine stufenweise Räumung der sudetendeutschen Gebiete durch die tschechische, militärische Besatzung vorsahen und auch die tschechischen Verwaltungsstellen zwangen, das vor 20 Jahren gewaltsam okkupierte sudetendeutsche Territorium wieder freizugeben.

Das Arbeitszimmer im Führerbau auf dem Königsplatz in München, in welchem die Verhandlungen zwischen den englischen, französischen, italienischen und deutschen Regierungschefs stattfanden. Diese Verhandlungen aber waren im Grunde genommen nur der Vollzug der bereits vorher gefaßten Vorschläge und Entschlüsse.

Zwei Szenen von den Verhandlungen in München 1938.

Schmerzerfüllt geben die Unterzeichneten die tieftraurige Nachricht, von dem endlichen Dahinscheiden ihres geliebten Kindes, der

Tschechoslowakei.

Dieselbe verschied am Samstag, den 1. Oktober 1938, nach langem qualvollen Leiden, an einer Blinddarmoperation, versehen mit den salbungsvollen Reden ihrer Minister, ergeben in den Willen des Führers, im 20. Lebensjahre.

Die feierliche Beisetzung findet in der Zeit

vom 1. bis 10. Oktober 1938

durch die deutsche Wehrmacht statt.

Die feierliche Seelenmesse findet am 28. Oktober 1938 in aller Stille statt.

Genf, am 1. Oktober 1938.

Um stilles Beileid bitten:

Gottwald, Dimitroff, Syrový,
Pflegeeltern.

Der Völkerbund,
Eltern.

Litwinow-Finkelstein, Stalin,
Onkel.

Beerdigungsanstalt Benesch-Jaksch & Co., vorm. Masaryk.

Unmittelbar nach Bekanntwerden des Inhalts des Münchner Abkommens, wurde u. a. dieses satirische Flugblatt in Massenauflage im Sudetenland verteilt.

Als der französische Ministerpräsident Daladier – hier bei seinen Gesprächen in München – heimkehrte, wurde er mit Jubel und Begeisterung der Franzosen empfangen! Der Friede war noch einmal gerettet! In der Pariser Nationalversammlung wurde am 5. Oktober 1938 über das Münchner Abkommen abgestimmt. Für das Abkommen stimmten 535 Abgeordnete, dagegen 75.

Geheime Reichssache

A b k o m m e n

zwischen Deutschland, dem Vereinigten Königreich, Frankreich und Italien, getroffen in München, am 29. September 1938.

Deutschland, das Vereinigte Königreich, Frankreich und Italien sind unter Berücksichtigung des Abkommens, das hinsichtlich der Abtretung des sudetendeutschen Gebiets bereits grundsätzlich erzielt wurde, über folgende Bedingungen und Modalitäten dieser Abtretung und über die danach zu ergreifenden Massnahmen übereingekommen und erklären sich durch dieses Abkommen einzeln verantwortlich für die zur Sicherung seiner Erfüllung notwendigen Schritte.

1.) Die Räumung beginnt am 1.Oktober.

2.) Das Vereinigte Königreich, Frankreich und Italien vereinbaren, dass die Räumung des Gebiets bis zum 10.Oktober vollzogen wird, und zwar ohne Zerstörung irgendwelcher bestehender Einrichtungen, und dass die Tschechoslowakische Regierung die Verantwortung dafür trägt, dass die Räumung ohne Beschädigung der bezeichneten Einrichtungen durchgeführt wird.

8.)

- 4 -

7.) Es wird ein Optionsrecht für den Übertritt in die abgetretenen Gebiete und für den Austritt aus ihnen vorgesehen. Die Option muss innerhalb von sechs Monaten vom Zeitpunkt des Abschlusses dieses Abkommens an ausgeübt werden. Ein deutsch-tschechoslowakischer Ausschuss wird die Einzelheiten der Option bestimmen, Verfahren zur Erleichterung des Austausches der Bevölkerung erwägen und grundsätzliche Fragen klären, die sich aus diesem Austausch ergeben.

8.) Die Tschechoslowakische Regierung wird innerhalb einer Frist von vier Wochen vom Tage des Abschlusses dieses Abkommens an alle Sudetendeutschen aus ihren militärischen und polizeilichen Verbänden entlassen, die diese Entlassung wünschen. Innerhalb derselben Frist wird die Tschechoslowakische Regierung sudetendeutsche Gefangene entlassen, die wegen politischer Delikte Freiheitsstrafen verbüssen.

München, den 29. September 1938.

Daladier Mussolini Neville Chamberlain

Der große Augenblick der Unterzeichnung durch die vier Garanten des Münchner Abkommens.

DAS MÜNCHNER ABKOMMEN VOM 29./30. SEPTEMBER 1938

„Deutschland, das Vereinigte Königreich, Frankreich und Italien sind unter Berücksichtigung des Abkommens, das hinsichtlich der Abtretung des sudetendeutschen Gebiets bereits grundsätzlich erzielt wurde, über folgende Bedingungen und Modalitäten dieser Abtretung und über die danach zu ergreifenden Maßnahmen übereingekommen und erklären sich durch dieses Abkommen einzeln verantwortlich für die zur Sicherung seiner Erfüllung notwendigen Schritte.

1. Die Räumung beginnt am 1. Oktober.

2. Das Vereinigte Königreich, Frankreich und Italien vereinbaren, daß die Räumung des Gebietes bis zum 10. Oktober vollzogen wird, und zwar, ohne Zerstörung irgendwelcher bestehender Einrichtungen, und daß die tschechoslowakische Regierung die Verantwortung dafür trägt, daß die Räumung ohne Beschädigung der bezeichneten Einrichtungen durchgeführt wird.

3. Die Modalitäten der Räumung werden im einzelnen durch einen internationalen Ausschuß festgelegt, der sich aus Vertretern Deutschlands, des Vereinigten Königreiches, Frankreichs und Italiens und der Tschechoslowakei zusammensetzt.

4. Die etappenweise Besetzung des vorwiegend deutschen Gebietes durch deutsche Truppen beginnt am 1. Oktober. Die vier auf der anliegenden Karte bezeichneten Gebietsabschnitte werden in folgender Reihenfolge durch deutsche Truppen besetzt:

Der mit I bezeichnete Gebietsabschnitt am 1. und 2. Oktober, der mit II bezeichnete Gebietsabschnitt am 2. und 3. Oktober, der mit III bezeichnete Gebietsabschnitt am 3., 4. und 5. Oktober, der mit IV bezeichnete Gebietsabschnitt am 6. und 7. Oktober.

Das restliche Gebiet vorwiegend deutschen Charakters wird unverzüglich von dem obenerwähnten internationalen Ausschuß festgestellt und bis zum 10. Oktober durch deutsche Truppen besetzt werden.

5. Der in § 3 erwähnte internationale Ausschuß wird die Gebiete bestimmen, in denen eine Volksabstimmung stattfinden soll. Diese Gebiete werden bis zum Abschluß der Volksabstimmung durch internationale Formationen besetzt werden. Der gleiche Ausschuß wird die Modalitäten festlegen, unter denen die Volksabstimmung durchgeführt werden soll, wobei die Modalitäten der Saarbestimmung als Grundlage zu betrachten sind. Der Ausschuß wird ebenfalls den Tag festsetzen, an dem die Volksabstimmung stattfindet; dieser Tag darf jedoch nicht später als Ende November liegen.

6. Die endgültige Festlegung der Grenzen wird durch den internationalen Ausschuß vorgenommen werden. Dieser Ausschuß ist berechtigt, den vier Mächten, Deutschland, dem Vereinigten Königreich, Frankreich und Italien, in bestimmten Ausnahmefällen geringfügige Abweichungen von den streng ethnographischen Bestimmungen der ohne Volksabstimmung zu übertragenden Zonen zu empfehlen.

7. Es wird ein Optionsrecht für den Übertritt in die abgetretenen Gebiete und für den Austritt aus ihnen vorgesehen. Die Option muß innerhalb von sechs Monaten vom Zeitpunkt des Abschlusses dieses Abkommens an ausgeübt werden. Ein deutsch-tschechoslowakischer Ausschuß wird die Einzelheiten der Option bestimmen, Verfahren zur Erleichterung des Austausches der Bevölkerung erwägen und grundsätzliche Fragen klären, die sich aus diesem Austausch ergeben.

8. Die tschechoslowakische Regierung wird innerhalb einer Frist von vier Wochen vom Tage des Abschlusses dieses Abkommens an alle Sudetendeutschen aus ihren militärischen und polizeilichen Verbänden entlassen, die diese Entlassung wünschen. Innerhalb derselben Frist wird die tschechoslowakische Regierung sudetendeutsche Gefangene entlassen, die wegen politischer Delikte Freiheitsstrafen verbüßen.

Adolf Hitler
Neville Chamberlain
Mussolini
Ed. Daladier

Zusatz zu dem Abkommen

München, den 29. September 1938

Seiner Majestät Regierung im Vereinigten Königreich und die französische Regierung haben sich dem vorstehenden Abkommen angeschlossen auf der Grundlage, daß sie zu dem Angebot stehen, welches in Paragraph 6 der englisch-französischen Vorschläge vom 19. September enthalten ist, betreffend eine internationale Garantie der neuen Grenzen des tschechoslowakischen Staates gegen einen unprovozierten Angriff.

Sobald die Frage der polnischen und ungarischen Minderheiten in der Tschechoslowakei geregelt ist, werden Deutschland und Italien ihrerseits der Tschechoslowakei eine Garantie geben.

Adolf Hitler
Neville Chamberlain
Mussolini
Ed. Daladier

Das Deutsch-Englische Zusatzabkommen vom 30. September 1938 als weiterer Ausdruck der europäischen Übereinstimmung zu den gefaßten Beschlüssen.

„Wir haben heute eine weitere Besprechung gehabt und sind uns in der Erkenntnis einig, daß die Frage der deutsch-englischen Beziehung von allererster Bedeutung für beide Länder und für Europa ist. Wir sehen das gestern abend unterzeichnete Abkommen und das deutsch-englische Flottenabkommen als symbolisch für den Wunsch unserer beiden Völker an, niemals wieder gegeneinander Krieg zu führen. Wir sind entschlossen, auch andere Fragen, die unsere beiden Länder angehen, nach der Methode der Konsultation zu behandeln und uns weiter zu bemühen, etwaige Ursachen von Meinungsverschiedenheiten aus dem Wege zu räumen, um auf diese Weise zur Sicherung des Friedens Europas beizutragen."

(Nach Berber: Deutschland - England 1933-1939, Die Dokumente des Deutschen Friedenswillen, Essen 1940, Seite 157)

We, the German Führer and Chancellor and the British Prime Minister, have had a further meeting today and are agreed in recognising that the question of Anglo-German relations is of the first importance for the two countries and for Europe.

We regard the agreement signed last night and the Anglo-German Naval Agreement as symbolic of the desire of our two peoples never to go to war with one another again.

We are resolved that the method of consultation shall be the method adopted to deal with any other questions that may concern our two countries, and we are determined to continue our efforts to remove possible sources of difference and thus to contribute to assure the peace of Europe.

A Hitler

Neville Chamberlain

September 30. 1938.

Bis zum Schluß: Tschechische Zensur.

Für den Fall der Notwendigkeit einer Volksabstimmung, war zur Aufrechterhaltung der öffentlichen Ruhe und Ordnung eine internationale Polizei vorgesehen.

In England wurden bereits Einheiten einer solchen Truppe bereit gestellt und in Marsch gesetzt, um in das Sudetenland verbracht zu werden. Da alle Beteiligten – ausdrücklich auch Benesch! – auf eine solche Abstimmung verzichteten, unterblieb dieser Einsatz. Hier eine Einheit dieser englischen Truppe vor der „Einwaggonierung".

„Demokratie ist Diskussion!"

Masaryk.

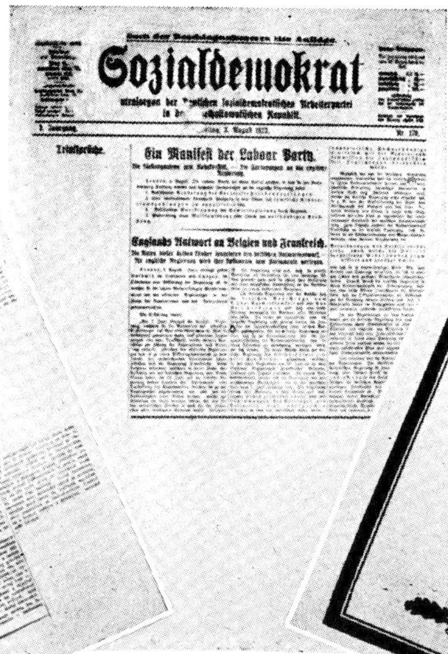

Der Münchner Schiedsspruch entsprach fast hundertprozentig der bevölkerungspolitischen Lage des 1918 geschaffenen Tschechenstaates und sicherte Europa noch für ein Jahr den Frieden, denn Benesch wollte unter allen Umständen den Krieg vom Zaune brechen.

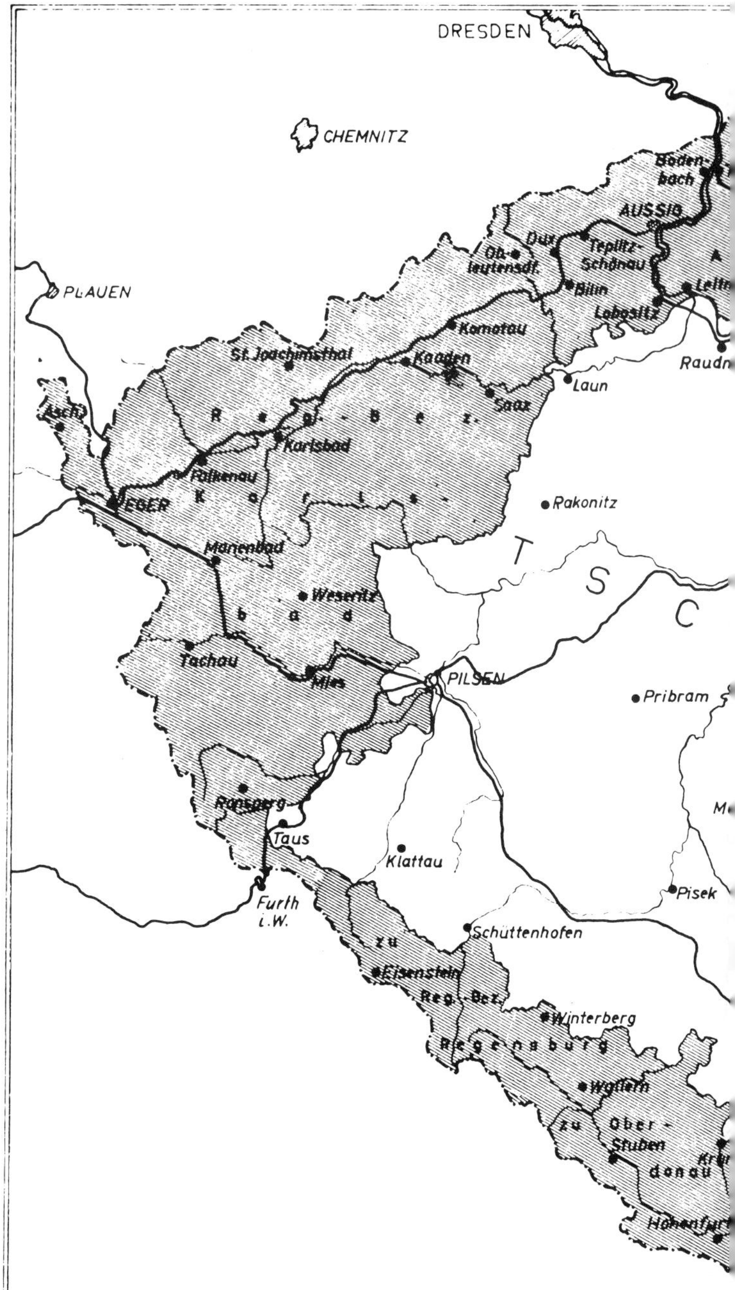

Karte über die endgültige Grenzfestsetzung vom 21. November 1938

Von der Tschechoslowakei abgetretene Gebiete

BRESLAU
HIRSCHBERG
SCHWEIDNITZ
ZITTAU
Friedland
REICHENBG.
GABLONZ
Liebenau
Böhm. Aicha
Turnau
Reg.-Bez.
Hohenelbe
Aussig
Trautenau
Braunau
Königinhof
Jung-bunzlau
Gitschin
Nachod
Königgrätz
Reichenau
Pardubitz
Kuttenberg
Hohenmauth
Weidenau
Hotzenplotz
Freiwaldau
Altstadt
Jägerndorf
Reg.-Bez.
Freudenthal
TROPPAU
Mähr. Schönberg
Troppau
Landskron
Zwittau
Sternberg
Oderberg
MÄHR. OSTRAU
Friedeck
Deutsch Brod
Brodek
OLMÜTZ
Neutitschein
Tabor
IGLAU
Proßnitz
Trebitsch
Teltsch
Kremsier
BRÜNN
Neuhaus
Nieder-donau
Zlabings
Wittingau
Niederdonau
Auspitz
Znaim
Grußbach
Nikolsburg
Feldsberg
Lundenburg
Hohenau
WIEN
Theben
PRESSBURG
Engerau
ECHOSLOWAKEI

VOLLZUG DES SELBSTBESTIMMUNGSRECHTES

„Der erste tschechoslowakische Staat ist zugrunde gegangen mit der Politik, aus der er geboren wurde. Er hätte niemals einen Krieg überlebt und sein Untergang ohne wirklichen Krieg erfolgte automatisch". . . .

(Die „Times", London, vom 4. Oktober 1938)

„Ein Problem, für das man hätte längst eine Lösung finden müssen, wenn die Staatsmänner der letzten 20 Jahre mehr Pflichtgefühl gehabt hätten" . . .

(Neville Chamberlain, im Englischen Unterhaus am 17. März 1939)

Tschechen beginnen mit dem Abmarsch aus dem Sudetenland – wie hier in Aussig a. E., unbelästigt und ohne jede Schwierigkeit. Selbstverständlich unter Mitnahme ihrer gesamten Habe.

Tausende tschechische Beamte, Kaufleute, Staatsbedienstete und Handwerker, die man zum Zwecke der Vertschechung des Sudetenlandes in den letzten Jahren herangeholt hatte, kehrten in ihre tschechische Heimat zurück, aus der sie kein Deutscher hergerufen hatte. Bei dem Massenauszug kam es nirgends zu Zwischenfällen, keinem der „Umsiedler" wurde ein Haar gekrümmt, obwohl mit manchem noch eine Rechnung zu begleichen gewesen wäre.

Nach dem kampflosen Abzug der Tschechen war das Sudetenland vorübergehend ein Niemandsland, in dem die deutsche Turnerjugend und der freiwillige Schutzdienst für Ordnung sorgten und jegliche Ausschreitung gegen noch vorhandene Tschechen rücksichtslos verhinderten.

Verlautbarung

Bis zum Eintreffen der deutschen Wehrmacht liegt der Ordnungsdienst in den Händen der volksdeutschen Mannschaft.

Jede Einzelaktion ist zu unterlassen, es gelten nur die Weisungen des Mannschaftführers.

Emanuel Sladek,
Mannschaftsführer.

Grenzpfähle und . . .

. . . Straßensperren fallen, sie waren völlig sinnlos mit hohen Kosten errichtet worden.

Am 1. Oktober 1938 gingen die Schlagbäume hoch, und das Sudetenland wurde ein Teil Deutschlands.

Wildenau
WH-32288

Das Sudetendeutsche Freikorps in den ersten Stunden nach dem Einmarsch der Deutschen Wehrmacht.

Das festlich geschmückte Rathaus von Arnau.

ANNA · SCHEDIWY

Auch von den Kirchen kam der Gruß, der den Befreiern aus Not und Unterdrückung galt.

So kommen keine „Eroberer" in ein Land, das sie nicht mag. Nicht nur die Grenzen zwischen den Deutschen waren gefallen, gegen die die Sudetendeutschen seit 1848 angekämpft hatten, auch der Jubel im befreiten Land kannte keine Grenzen.

Überall der gleiche Willkommensgruß. Einen besseren Anschauungsunterricht über die Wahnsinnstaten der Diktate von 1918 konnte den Angehörigen aller deutschen Stämme, die als deutsche Soldaten diese Zeit mitmachten, nicht gegeben werden.

Es gibt auch Tränen einer
unaussprechlichen Freude,
sie standen am Ende einer
20jährigen Zwangsherrschaft.

Blumen und Jubel als Antwort auf eine tschechische Äußerung nach 20 Jahren: Am 4. November 1918 hatte der tschechische Politiker Raschin den deutschen Unterhändlern wörtlich erklärt: „Das Selbstbestimmungsrecht ist eine schöne Phrase – jetzt aber, da die Entente gesiegt hat, entscheidet die Gewalt."

Überwältigend die Begeisterung und für heute unvorstellbar! Egal, ob in den Städten oder auf dem Land: Der Willkommensgruß war einmalig und einhellig.

Schuhhaus Klinger

Auf dem Marktplatz der alten Staufenstadt Eger. Am 15. Oktober des gleichen Jahres erklärte dann die britische Regierung: „Man mußte Deutschland Gerechtigkeit widerfahren lassen, es war an der Zeit, das Unrecht von Versailles wieder gutzumachen".

Man muß wissen, welche oft furchtbaren Erlebnisse hinter diesen Menschen liegen, dann kann man ihr Glück ermessen. 20000 Sudetendeutsche waren in diesen Stunden noch als Geiseln in tschechischen Konzentrationslagern und mehr als 5000 „Häftlinge" in Kerkern festgehalten.

Karlsbad am 2. Oktober 1938. Der berühmte Kurort und das umliegende deutsche Egerland empfingen nach monatelangem Ausnahmezustand, erfüllt mit blutigen Zwischenfällen, die deutschen Brüder als Befreier

Noch waren ihre Männer in Lagern verschleppt, als Geisel gefangen, Opfer tschechischer Konzentrationslager in Stefanau, Zelatowitz oder Karthaus. Werden sie zu ihren Lieben zurückfinden?

Jägerndorf am 6. Oktober 1938. Dieser ostsudetendeutsche Industrieort war eine durch die Arbeitslosigkeit am meisten betroffene Stadt. Wenige Wochen später gab es hier keine Arbeitslosen mehr.

Auf dem historischen Marktplatz der alten Staufenstadt Eger.

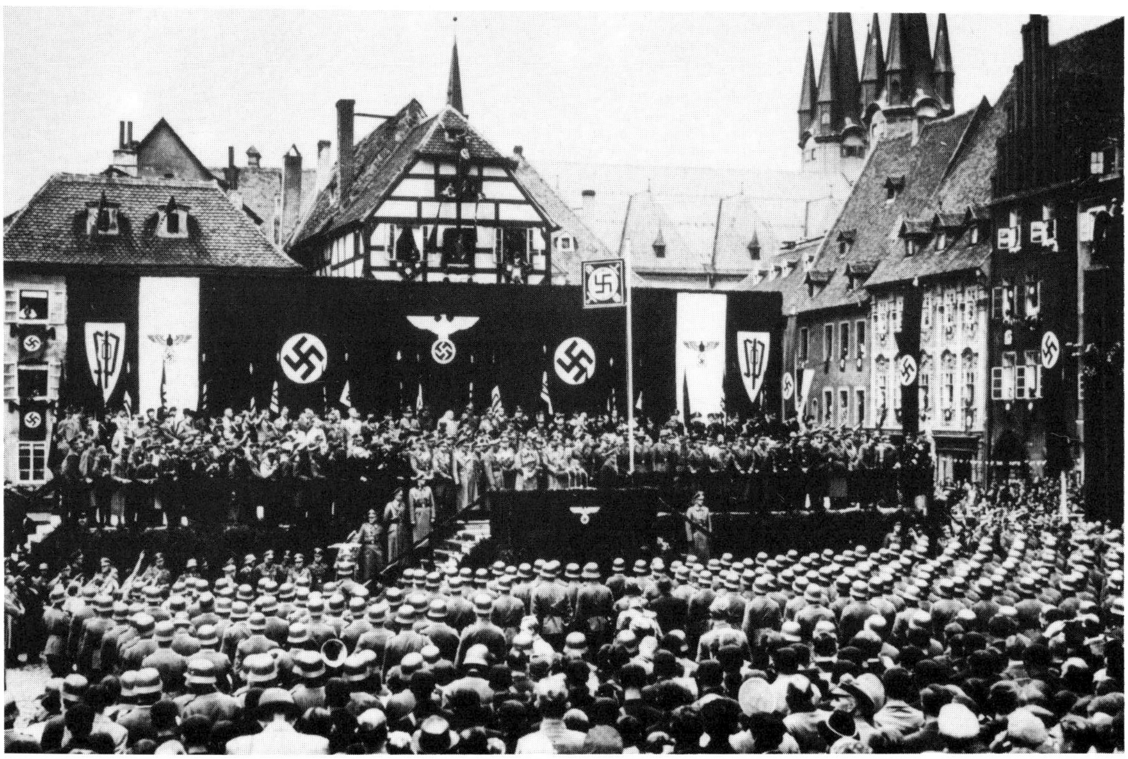

Reichenberg

Rudolf Hess im Reichenberger Rathaus bei der Eintragung ins Ehrenbuch der nunmehrigen Gauhauptstadt.

Ob im nordböhmischen Friedland oder im schlesischen Freudenthal, von den heute so gerne behaupteten Gewaltmaßnahmen war nichts zu spüren.

CAFE

Solche Bilder kann man nicht stellen!
Eine ganze Generation kann sich noch an diese Vorgänge erinnern.

Stunden des Glücks und Ausdruck des Glaubens und seiner Erfüllung. Nach den Schrecken bürgerkriegsähnlicher Vorgänge, Massenverfolgungen und scheußlicher Gewalttaten sollte die Zukunft menschenwürdig und froh sein.

Minuten vor dem Eintreffen des Führers und Reichskanzlers.

Wo auch immer, überall, wo die „Deutschen" ankamen,war die Jugend mit Begeisterung dabei und empfand etwas von dem Jubel und der Begeisterung, die ein Volk erfüllten.

Tschechische und slowakische Überläufer, die hinter den Gulaschkanonen der Deutschen Wehrmacht darauf warteten „bis alles vorüber" war.

Tschechische Polizisten wußten „nachher" sehr frohgemut ihren Dienst zu tun.

SKI-BERG-EISU
WANDERSCHUH
JEDE ART SPORTS

Noch am 22. Oktober waren die tschechische Feldpost und die Benesch-Zensur in Amt und Würden.

Auch in der Philatelie hat die Befreiung der Sudetendeutschen sichtbaren Ausdruck gefunden.

Československo
ČESKOSLOVENSKO
Wir sind frei!
Wir sind frei
9 X 1938
TAG DER BEFREIUNG

KAADEN
4.3.39-20
Sudetendeutsche Blut
4. März 1919
Winterhilfswerk
Deutsches Reich

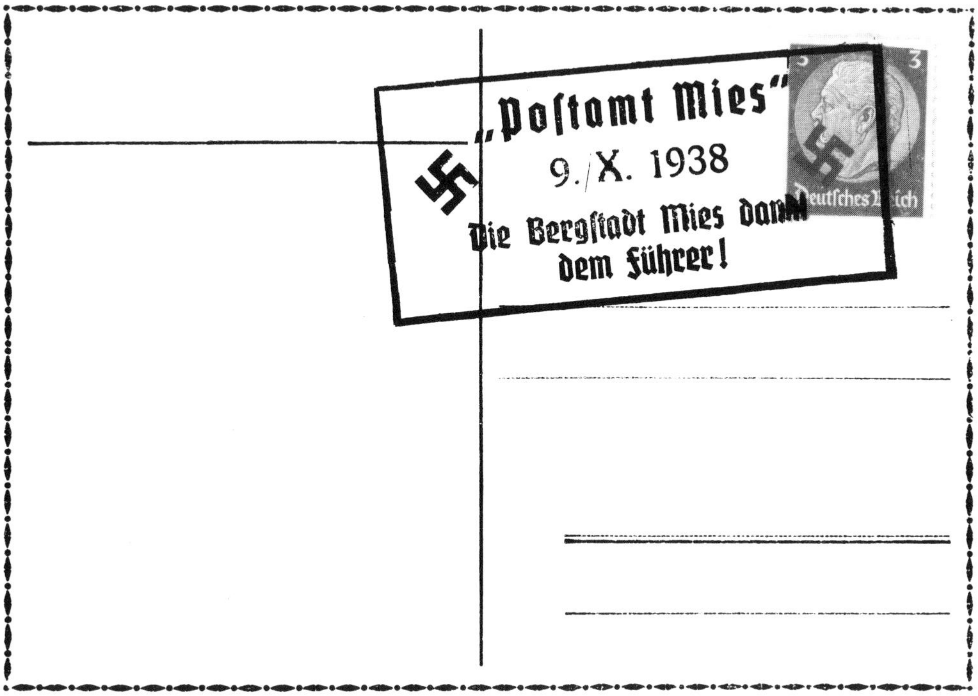
„Postamt Mies"
9. X. 1938
Die Bergstadt Mies dan
dem Führer!
Deutsches Reich

Sofortmaßnahmen von bisher hier unbekannter Großzügigkeit setzten ein, um zunächst die erste und schlimmste Not zu lindern.

Endlich wieder satt.

Letzter Einsatz des sudetendeutschen Ordnungsdienstes.

Tschechische Riesenbunker, vor denen Deutsche verbluten sollten. Diese Anlagen, im sudetendeutschen Gebiet gleichzeitig als Trutzburgen errichtet, waren das große Pleitegeschäft Beneschs.

Als Befreier begrüßt, ein einziger Triumphzug durch Stadt und Dorf, so vollzog sich die „Besetzung" der Sudetengebiete durch die Deutsche Wehrmacht. Die englische Zeitung „Times" schrieb in ihrer Ausgabe vom 5. Oktober 1938, also in der Zeit dieser Ereignisse: „Es ist weiter nichts geschehen, als daß man von der Tschechoslowakei eine Bevölkerung abgetrennt hat, die ihr niemals hätte ausgeliefert werden sollen und auf die sie keinen moralischen Anspruch erheben konnte."

Blut kommt zu Blut, trotz Not und Tod

„Dort unten liegt meine Heimat" . . .

. . . „Deutschland!"

Das Siedlungsgebiet der Sudetendeutschen, dem bereits 1918 der Anschluß an das Reich und das Selbstbestimmungsrecht gewaltsam verwehrt wurde.

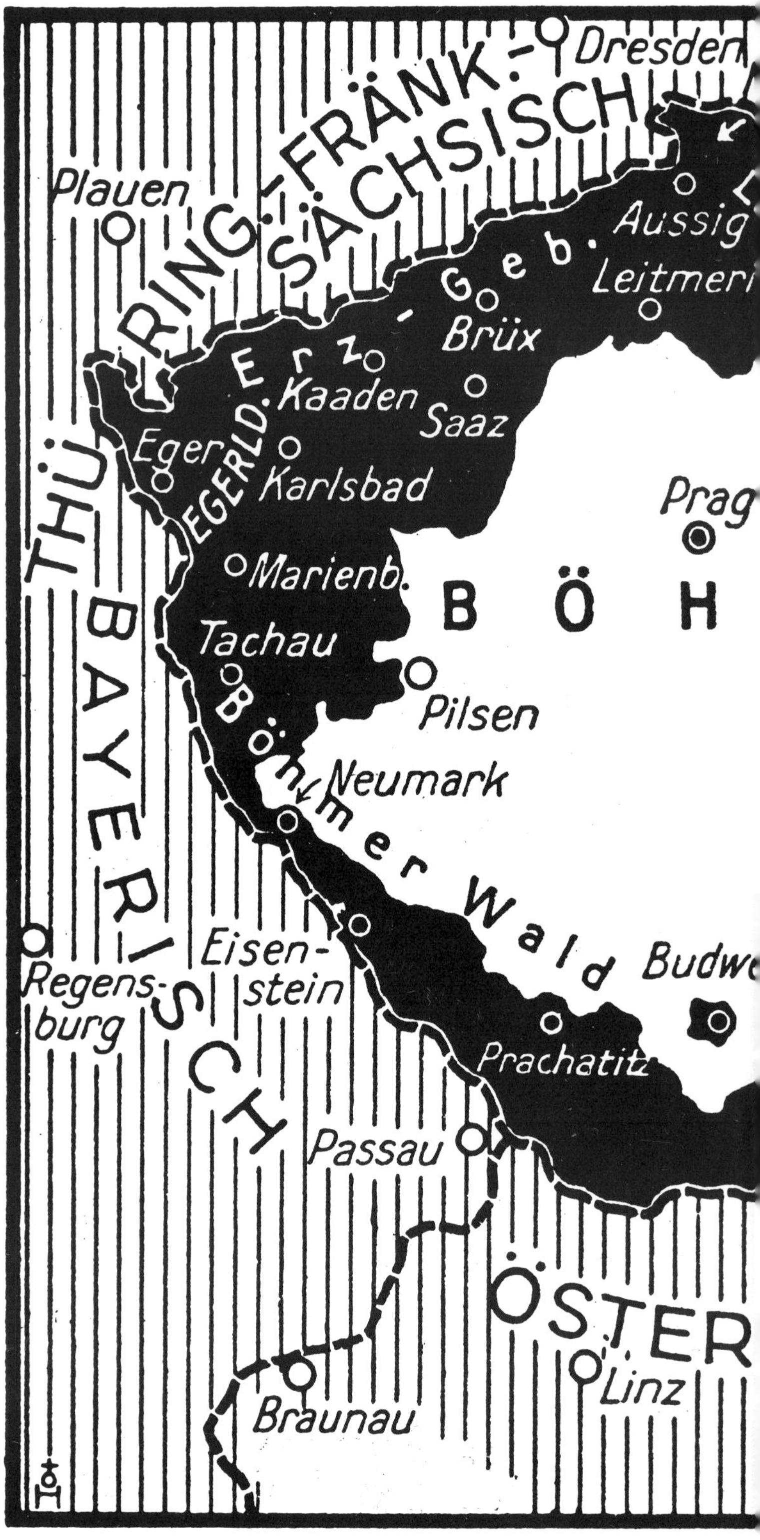

SCHLESISCH
Breslau
POLEN
Iser-G.
Riesen-G.
Trautenau
Braunau
Oppeln
Adler-G.
Königgrätz
Ratibor
Freiwaldau
SCHLESIEN
Bielitz
Hultschin
Zwittau
Sternbg.
Teschen
SCHÖNHENGSTGAU
Iglau
Olmütz
Neu-Titschein
MÄHREN
Zlabings
Brünn
Trentschin
Kremnitz
Znaim
Lundenbg.
Pystian
SLOWAKEI
Wien
Preß-
burg
Sudeten-
deutschtum
Übrig. dtsch. Sied-
lungsgebiet

HISTORISCHE DATEN

1848 Panslawistischer Kongreß in Prag, Ausschreitungen gegen Deutsche, Revolution in Prag, Reichstag in Kremsier, Thronbesteigung von Kaiser Franz Josef in Olmütz.

1860 Beginn der Verfassungskämpfe in Österreich, Bildung tschechischer Angriffsorganisationen.

1866 Krieg zwischen Österreich und Preußen, Friedensvertrag in Prag, Ausscheiden Österreichs aus dem Deutschen Bund.

1868 Ausgleich mit Ungarn, Beginn des „Dualismus".

1880 Gründung des Deutschen Schulvereins.

1891 Scheitern der Verhandlungen für den sog. „Böhmischen Ausgleich".

1897 Beginn der Sprachenkämpfe, ausgelöst durch die Sprachenverordnungen des Grafen Badeni.

1905 Mährischer Ausgleich.

1914 Beginn des 1. Weltkrieges, zunehmende Desertionen tschechischer Regimenter und Beginn der tschechischen Auslandsarbeit, die offen die Zerschlagung der Österreichisch-Ungarischen Monarchie verlangt. Hochverratsprozesse gegen tschechische Politiker und wiederholte Amnestien derselben durch österreichische Regierungen.

1917 Verfassungsreform Kaiser Karls scheitert am Widerstand der Slawen und Madjaren.

1918 Kaiserliches Manifest soll im letzten Moment die Monarchie noch retten. Scheitern aller Verhandlungen.

1918 Österreichischer Reichsrat fordert den Zusammenschluß der Deutschen nach den Bestimmungen des Selbstbestimmungsrechtes. Forderung der Sudetendeutschen nach Vereinigung mit Österreich und damit dem Deutschen Reich, zu deren Bestandteil sich die Republik Deutsch-Österreich erklärt hatte. Vereidigung der Bürgermeister und Landräte auf die Republik Deutsch-Österreich, Gründung der Tschechoslowakischen Republik und beginnende Okkupation der Sudetendeutschen Gebiete. Dr. Rudolf Lodgmen von Auen wird Landeshauptmann der Provinz Deutschböhmen und dann des ganzen Sudetenlandes.

1919 Ende der gewaltsamen Besetzung des sudetendeutschen Sprachgebietes, Proteste der Sudetendeutschen und Massenmorde an deutschen Bewohnern am 4. März in zahlreichen deutschen Orten. Die Einverleibung der Sudetendeutschen in den neuen Staat wird gegen den ausdrücklichen Willen der Sudetendeutschen erzwungen. Friedensdiktate von Versailles, St. Germain und Trianon, Bruch der Wilsonschen Versprechungen.

1920 Tschechische Nationalversammlung ernannter Mitglieder beschließt ohne Teilnahme und Mitwirkung der Sudetendeutschen eine Verfassung und das Grundgesetz, Wahlen in das Parlament: Von 300 Mandaten entfallen 72 auf die Deutschen.

1926 Eintritt deutscher Parteien in die tschechische Regierung und Beginn des sog. Aktivismus, Tschechoslowakische Verwaltungsreform setzt die bereits seit dem Umsturz systematisch begangenen Benachteiligungen der Deutschen fort. Beginn der Arbeitslosigkeit und der durch die Regierung systematisch geförderten Verelendung im sudetendeutschen Gebiet, schrittweiser Zusammenbruch der einst blühenden sudetendeutschen Industrie.

1933 Auflösung der Deutschen Nationalsozialistischen Arbeiterpartei und Einstellung der Deutschen Nationalpartei, Beschlagnahme und Verbot der Einrichtungen der deutschen Arbeitergewerkschaft. Aufruf Konrad Henleins zur Gründung der Sudetendeutschen Heimatfront. Tod des sudetendeutschen Politikers Hans Knirsch.

1935	Bündnis der CSR mit der Sowjetunion, Sudetendeutsche Partei wird mit 44 Mandaten die stärkste deutsche Partei des Parlamentes und erringt die höchste Stimmenzahl überhaupt.
1938	Zusammenbruch der sogenannten deutschen Aktivisten. Konrad Henlein verkündet die „Acht Karlsbader Punkte" und fordert die Freiheit des deutschen Bekenntnisses. Kriegsbedrohende tschechische Teilmobilisierung Beneschs, Scheitern aller Ausgleichsverhandlungen, beginnende Unruhen und Standrecht im Sudetengebiet, die von Mai bis Ende September in fast allen sudetendeutschen Gebieten herrschten. Benesch versucht bis zum letzten Moment einen wahren Ausgleich zu verhindern. Mission Runcimans und beginnende Isolierung der Tschechei. Nach einer weiteren Steigerung der Zahl der Zusammenstöße, erfolgt die Auflösung der Sudetendeutschen Partei durch Prag und die offenen Kriegsvorbereitungen gegen Deutschland.
15. 8.	England entsendet Beobachter nach Prag, beginnende militärische Vorbereitungen in einzelnen europäischen Ländern.
11. 9.	Adolf Hitlers Schlußrede auf dem Nürnberger Parteitag.
16. 9.	Chamberlains erstes entscheidendes Gespräch mit Hitler in Berchtesgaden.
18. 9.	Die Westmächte fordern von der CSR die Abtretung der sudetendeutschen Gebiete.
21. 9.	Die CSR nimmt ein britisch-französisches Ultimatum an.
22. 9.	Gegenputsch in Prag zum Zwecke der Vereitelung eines friedlichen Ausgleichs, die Regierung Hodza wird gestürzt und unter Riesendemonstrationen übernimmt General Syrovy ein neues Kabinett.
23. 9.	Benesch verkündet die allgemeine Mobilisierung, es setzen allgemeine Deutschenverfolgungen und Massenverhaftungen ein. Einrichtung tschechischer Konzentrationslager. Chamberlain besucht erneut Hitler in Godesberg.

26. 9. Hitler spricht im Sportpalast in Berlin und kündet entscheidende Schritte zur Lösung der Sudetenfrage an, Massenflucht der Sudetendeutschen in das Reich.

28. 9. Mussolini schlägt eine neuerliche Konferenz vor.

29./30. 9. Viermächtekonferenz in München beschließt die Durchführung der Vereinbarungen von Godesberg.

1. 10. Beginn des friedlichen Einmarsches der Deutschen Wehrmacht in die Sudetengebiete, der ohne Zwischenfall unter stürmischem Jubel der Bevölkerung erfolgt.

5. 10. Rücktritt Beneschs.

BILDNACHWEIS

Die Fotos entstammen dem Bundesarchiv Koblenz, S. 69, 99, 107, 113, 115, 119, 121, 133, 141; dem zeitgeschichtlichen Bildarchiv Hoffmann, S. 79, 85, 89, 91, 111, 113 und dem Bildarchiv Preußischer Kulturbesitz, S. 73, 80, 97, 131, 133, 150; sowie privaten Sammlungen und aus dem persönlichen Bestand des Herausgebers.